KB200567

히어링

히어링 ;듣기

오석환

규장

이 땅에 성령의 새 바람이 필요한 바로 이때에 오석환 목사님의 책이 출간되었습니다. 그 자신이 갱신의 새 바람을 겪고 있으며, 하나님께서는 그를 하나님의 사람들을 회복시키시고 새롭게 하시는 데 사용하고 계십니다. 나는 주님 안에서 그가 경험한 삶의 기록들을 진심으로 기쁘게 생각합니다.

오대원 | 한국예수전도단 설립자, 안디옥국제선교훈련원 원장

오석환 목사님을 생각하면 '나그네'라는 단어가 떠오릅니다. 주님이 계신 곳을 너무나 갈망하기에 이 세상을 결코 안식처로 삼을 수 없는 나그네 말입니다. 아브라함처럼 거룩한 음성을 듣고 미련 없이 떠나버리는 그의 믿음이 아름답습니다.

김승욱 | 할렐루야교회 담임목사

대학 선배요 믿음의 동역자인 오석환 목사님은 참 연구 대상입니다. 기타 치며 노래할 때는 다윗 같고, 오토바이를 타고 달릴 때는 인디애나 존스(스티븐 스필버그가 제작한 모험영화의 주인공) 같고, 오대양 육대주를 정신없이 누비면서 복음을 전하고 사방에 편지를 쓸 때는 사도 바울 같은 괴짜 목사님입니다. 사도행전에서 막 뛰어나온 것 같은 열정과 유머로 가득 찬 그의 따끈따끈한 인생 기록을 기쁜 마음으로 강력히 추천합니다.

한홍 | 새로운교회 담임목사

오석환 목사님은 자유로운 영혼을 소유한 분입니다. 소유보다 자유를 좋아하고, 소유의 넉넉함보다 존재의 넉넉함을 추구하는 분입니다. 철학을 전공한 탁월한 지성을 소유했지만 날마다 성령님의 음성을 듣고 순종하는 영성의 사람입니다. 풍부한 감성으로 아름다운 시를 쓰는 시인입니다. 또한 한 영혼을 소중히 여기는 선교사이며, 선교지에서 지도자를 키우는 교육가입니다. 이 책은 성령께서 저자를 사용하셔서 수많은 영혼을 치유하고 회복시키신 하나님의 이야기입니다. 성령님의 음성 듣기를 갈망하는 모든 그리스도인들과 사역자들에게 이 책을 추천하고 싶습니다.

강준민 | LA 새생명비전교회 담임목사

간증의 생명은 '오늘의 이야기'라는 것입니다. 살아 계신 예수를 날마다 만나 살아가는 이야기가 우리를 살립니다. 오석환 목사의 오늘을 살아가는 이야기가 이 책에 담겨 있습니다. 이는 하나님의 음성을 듣고 순종함으로 이루어진 귀한 열매입니다. **박원철 목사** | GAP(Global Assistance Partners) 미주 서부지역 디렉터

이 책은 지난 20여 년간 주님의 음성을 듣고 순종해 살아온 이의 감동적인 산 간증입니다. 이 책을 통해 주님께서 오석환 목사를 믿고 따르는 사람들에게 큰 격려와 도전을 주실 것입니다. **최일식 목사** | KimNet(세계선교동역네트워크) 상임대표

이 책은 응답에만 쏠려 있는 신앙의 잘못된 초점을 바로잡아 하나님의 음성을 듣고 순종함으로 건강하고 복된 삶을 살도록 이끌어줄 것입니다. 또한 저자의 깊고 철저한 말씀 연구와 삶을 통해 건져올린 살아 있는 영적 안내서입니다.
마원석 목사 | 옥스퍼드 선교대학(Oxford Center for Mission Studies) 학장

오늘도 끊임없이 말씀하시는 성령님을 히어링하고 순종하는 삶의 충만함과 한 편의 생생한 성령의 드라마를 보는 감동이 담겨 있는 책입니다.
황인철 | 뉴욕 아름다운교회 담임목사

오석환 목사님은 항상 재미있는 이야기가 넘치는 독특하신 분입니다. 또한 하나님을 보는 높은 눈, 말씀을 보는 깊은 눈, 세상을 보는 넓은 눈을 가진 귀한 주의 종입니다. 이 책을 읽는 모든 분들이 하나님의 눈을 갖는 귀한 은혜가 있길 기도합니다.
정민용 | 커버넌트 펠로우십교회 담임목사

제 믿음의 동역자인 오석환 목사님은 어떤 상황에서도 성령님께 순종하는 분입니다. 이 책을 읽는 모든 분들도 성령님의 인도하심에 순종하는 신실한 종이 되기를 바라는 마음으로 추천합니다.
노창수 | 남가주사랑의교회 담임목사

바람

바람아
바람아
어디에서 와서 어디로 가니
바람의 시작은 끝을 알고
바람의 끝은 시작을 알 터인데
바람은 겸손하게 순종하며
다락방엔 강하게
오늘 나에겐
술술 미풍이 되어 다가온다

바람아
바람아
어디서 와서 어디로 가니
그분 손잡고…

성령님의 역사는 바람의 역사이다. 어디에서 와서 어디로 가는지 모르지만 인도하고 이끄신다. 이 책을 쓰게 된 동기도 잔잔한 바람과 같은 성령님의 음성 듣기(히어링, hearing)로 시작되었다.

나는 1973년, 12세에 미국으로 이민을 가서 40년을 살았다. 그중 20년은 이민 2세를 위한 교회 개척으로 주님께 바치고, 그 이후는 캄보디아 선교 동원가로 살았다. 그래서 미국 LA의 집에는 일 년에 3개월 정도만 머문다.

어느 날 아침, 큐티를 하며 읽은 《하나님의 대사》에 큰 은혜를 받은 나는 아내에게 "여보, 나도 규장출판사를 통해 책으로 그동안 하나님께 받은 은혜를 좀 나누어야겠어"라고 말했다.

아내는 결혼생활 30년 동안 내게서 엉뚱한 소리를 하도 많이 들어서인지 별로 놀라지 않고 태연히 말했다.

"주님이 시키시면 하세요. 당신의 생각이면 하지 말고…."

나도 속으로는 '내가 또 무슨 엉뚱한 생각을…' 하며 지나가려고 했으나 주님이 주신 마음이라는 확신이 들었다. 그래서 바로 한국에 있는 한홍 목사님에게 이메일을 보냈다. 한 목사님은 버클리대학과 풀러신학대학원 후배이기에 편하게 연락을 하고 지냈다. 그가 규장을 통해 책을 낸 것을 알았기에 연결을 부탁했다.

내가 오랜 시간 주님을 따르며 알게 된 것 중의 하나가 '기다리면 기다린 만큼 순종하기가 더 힘들다'라는 것이다. 그래서 나는 선교사들에게 '아샤의 원리'(ASAYH, As Soon As You Hear)를 가르친다. 주님의 음성을 듣는 순간 바로 순종하는 것이다.

몇 주 후, 한국에 도착해서 출판사를 찾아갔다. 감사하게도 처음 뵙는 여진구 대표님이 오래전의 친구를 만나듯 반겨주며 말했다.

"그렇지 않아도 《하나님의 대사》를 편집했던 실장님이 두 달 전에 목사님의 약력을 보여주며 책의 출간을 제안했었습니다."

그래서 내가 한홍 목사님이 시무하는 새로운교회에서 간증했던 것을 인터넷에서 보고 편집팀에게 주님의 인도하심을 기다리자고 말했다고 했다. 그런데 바로 그 시간에 내가 먼저 만나자고 이메일로 제의를 해왔다는 것이다. 만약 내가 주님의 음성을 듣고 '괜히 엉뚱한 생각을 했다'라고 여겨 순종하지 않았다면 어땠을까!

정말 규장출판사도 성령님의 인도하심으로 운영하는 예수님표 회사인 것 같았다. 출판사 건물의 옥상에 있는 아담한 기도실에서 여 대표님과 무릎을 꿇고 중보와 감사의 기도를 드렸다.

지금도 성령님은 우리에게 끝없이 말씀하고 계신다. 문제는 '우리가 그분의 음성을 듣고(히어링) 있는가, 그 음성에 바로 순종하고 있는가'

이다. 우리의 '신앙'이라는 열차가 성령님의 사역에 동참하는가 못하는 가는 '히어링'과 '순종'이라는 선로를 잘 만들고 있는지에 따라 결정될 것이다.

나는 1991년에 이민 2세를 위한 교회를 개척하고 상당히 많은 고민을 했다. 왜냐하면 개척한 첫 해부터 주님께 받은 부흥사의 사명으로 인해 외부 집회를 많이 다니게 되었기 때문이었다. 첫 해에 외부 집회를 45번이나 하게 되어 교회에 충실할 수가 없었다. 그래서 마음속 깊이 고민하며 주님께 여쭈었다.

'하나님, 제가 담임목사로서 교회를 지켜야 되는데, 왜 이렇게 많은 곳을 다녀야 하는지 모르겠습니다.'

나를 사랑해주고 훈련시켜 주셨던 선배 목회자들도 "오 목사는 교회나 잘 지키며 성장을 시켜"라고 충고하셨다.

그러던 중에 지금은 소천하신 온누리교회 하용조 목사님이 미국에 오셔서 한인 2세 목회자들과 함께하신 적이 있었다. 며칠간 같이 대화하고 기도하며 정말 좋은 시간을 보냈다. 마지막 날 아침, 식사 시간에 하 목사님이 내 간증을 들으시다가 갑자기 말씀하셨다.

"오 목사, 당신은 목사가 아니라, 사도 바울의 사역을 하고 있군!"

순간 나는 그것이 하 목사님의 말씀이 아닌 하나님의 말씀으로 들렸다. 그래서 그만 숟가락을 내려놓고 울고 말았다.

'아! 하나님, 제가 많은 지역을 다니는 것은 제게 담임목사의 은사보다는 사도 바울과 같은 은사가 있어서 그렇군요. 목사님의 음성을 통해 주님의 음성을 들려주셔서 감사합니다.'

사실 그 후로 하 목사님의 예언적인 '선포'에 힘입어, 나는 20년 넘게 세계 52개국에서 1,200번 이상의 집회를 하며 많은 열매를 주님께 드리게 되었다.

정말 하나님은 우리에게 말씀하시길 원하신다. 직접 말씀해주실 때도 있고, 다른 사람의 음성을 통해 말씀해주시기도 한다. 그러므로 우리는 누구를 만나든지 겸손하게 경청하는 모습이어야 한다.

본문으로 들어가기 전에 꼭 짚고 넘어가야 될 중요한 부분이 있다. 하나님의 음성을 듣는다는 것 자체가 더 높은 영성과 더 깊은 신앙의 척도가 아니며, 개인의 자랑거리가 되면 안 된다는 것이다. 우리 삶의 유일한 자랑은 예수 그리스도 한 분과 그분의 십자가이다.

사도 바울은 갈라디아서 6장 14절에 "그러나 내게는 우리 주 예수 그리스도의 십자가 외에 결코 자랑할 것이 없으니 그리스도로 말미암아 세상이 나를 대하여 십자가에 못 박히고 내가 또한 세상을 대하여 그러하니라"라고 기록했다. 예수님의 말씀을 듣고 순종하여 세계 복음화의 첫 단계를 시작한 바울에게 자랑할 것이 예수 그리스도와 십자가 뿐이라면 내 간증 또한 거기에 맞추어져 있어야 할 것이다.

그래서 이 책에 나오는 모든 간증들이 나를 지옥의 불에서 구원하시고 천국의 길로 인도해주신 내 구세주 예수 그리스도 한 분에 대한 자랑인 것을 먼저 밝힌다. 또한 30년 동안 내 기도와 사역의 동반자이며 진정한 친구인 아내 제니 사모에게 깊은 사랑과 감사를 전한다.

또한 우리 모두가 성령님께 이 책을 위한 중보의 기도를 드리고 읽기 시작하는 게 좋을 듯하다. 아래의 기도를 큰 소리로 읽은 후 읽기를 권한다.

"성령님, 예수 그리스도의 이름으로 하나님의 음성을 듣고, 하나님의 뜻과 계획과 목적을 알기를 소원합니다. 우리의 인생과 사역에는 방향이 필요합니다. 그리고 당신의 매일의 인도하심을 간절히 원합니다. 성령님, 우리에게 말씀해주십시오. 우리의 귀가 당신의 말씀에 열려 있고, 당신의 음성을 듣기에 예민하여 그 말씀에 기꺼이 순종하게 하옵소서. 그렇게 해주시리라 믿고 먼저 감사드립니다. 임재하셔서 제 주인이 되어주시고, 마음껏 말씀하셔서 당신의 뜻을 이루어주옵소서. 할렐루야! 이 모든 말씀을 예수님의 이름으로 기도드립니다. 아멘."

Contents

PART 3

듣고 순종하는 삶

PART 4

순종으로 영광 돌리는 삶

에필로그

믿음의 길

이루어주신다고 하신 말씀
그 위에 이 모든 사막의
목마름을 부어버리고

풀포기 하나 없는 이곳
잠시의 서러운 곳에
이렇게 내가 서 있는데

닳고 닳아 새로운 길도 아닌
내가 걸어가야 할
하지만 나의 새 길
약속의 길

임신부의 뒤뚱거림같이
힘겨운 무거움이 있긴 하지만
벅찬 설렘으로 걸어간다

이루어주신다고 하신
그 말씀의 길
믿음의 길

Part 1

히어링과
순종

HEARING

01 말씀해주시는 성령님

미국의 영성가인 에이든 토저는 성령님에 대해 다음과 같은 정의를 내렸다.

"성령님은 인격이시다. 그분은 의지와 지성을 가지고 계신다. 또 들으실 수 있는 능력을 가지고 계신다. 지식과 동정심을 가지고 계시며, 사랑하고, 보고 생각할 수 있는 능력을 가지고 계신다. 그분은 듣고 말하고 바라며 탄식하고 기뻐하실 수 있다."

이 정의대로 내가 체험한 성령님은 진정한 인격이시다. 사실 이러한 인격적인 성령님이 우리 삶 속에서 실존적으로 현실화되면 우리는 매일 그분과의 교제를 추구하며 기도로 그분의 말씀을 받아들일 수 있게 된다. 불기둥과 구름 기둥의 인도를 받았던 사막의 이스라엘 백성처럼 인생이라는 사막에서 매일 성령님의 인도를 받을 수 있다. 다음의 기도문을 같이 읽어보자.

"삼위일체이신 살아 계신 성령님을 인정하고 환영하며 영접하며 신뢰합니다. 성령님은 우리 안에 거하시며 위대한 일을 하시는 하나님이십니다. 바로 지금 이 순간, 당신의 영으로 우리를 충만하게 하옵소서. 그리고 우리가 당신의 이름을 영광스럽게 만드는 인생을 살도록 도우소서. 성령님과의 지속적인 교제 속에서 살도록 도우셔서, 지금부터 천국에 가는 그날까지 승리하는 삶을 살게 하옵소서. 예수님의 이름으로 기도드립니다. 아멘."

예수님은 말씀하셨다.

"네 십자가를 지고 매일 나를 좇으라!"

그런데 하늘 위에 오르사 하나님 우편에 앉아 계신 예수님을 우리가 어떻게 좇는가? 성령님은 예수님이 승천하실 때에 약속하셨던 보혜사(돕는 자)이시다. 그러므로 그분과 친밀한 교제를 나누며 좇아야 한다. 예수님이 영광 중에 다시 오실 때까지 성령님은 성도가 하나님과 대화하기 위해 가까이해야 하는 분이시다.

만약 우리가 성령님과 친밀한 대화를 원한다면 기도해야 한다. 그것은 '대화 없이는 친밀해질 수 없다'는 단순한 원칙에 근거한다. 친밀한 인간관계가 상호 간의 대화를 통해 형성되는 것처럼 기도를 통한 성령님과의 친밀한 대화, 즉 '이야기'하고 '듣는'(히어링) 시간이 필요하다. 그리스도인의 성공적인 인생은 성령님과의 친밀한 관계에 달려 있다.

성령님이 우리와 친밀한 관계를 원하시는 한 인격체라는 것을 깨달은 후에야 비로소 그분과의 대화가 시작된다. 그리스도인의 인생은 성령님이 관리하고 인도하시는 삶이다. 성령님 없이는 예수님을 우리의 구주로 영접할 수 없고, 하나님께 진실한 기도와 진정한 찬양과 영감 있는 예배를 드릴 수도 없다.

성령님은 언제나 우리에게 말씀하신다. 문제는 우리가 그 말씀을 어떻게 듣는가이다. 요한복음 8장 47절에 "하나님께 속한 자는 하나님의 말씀을 듣나니 너희가 듣지 아니함은 하나님께 속하지 아니하였음이로다"라고 했고, 또 "내 양은 내 음성을 들으며 나는 그들을 알며 그들은 나를 따르느니라"라고 했다(10:27).

하나님께서 우리에게 그분의 음성을 분명히 들려주시기를 원하심에도 우리가 듣지 못하거나 듣지 않으려고 하는 이유는 그분이 우리에게 성령님을 통해 말씀해주시는 방법에 대해 무지하기 때문이다.

성경에서 하나님은 "내가 곧 알파요 오메가요", 즉 하나님이 모든 것의 "처음과 마지막이요"라고 말씀하신다. 이 말씀이 생소하거나 신학적으로만 들리지 않는 이유는 내가 오랜 신앙을 통해 말씀을 그대로 경험했기 때문이다. 나는 정말 하나님 한 분만이 내 인생의 모든 것을 시작하시고, 마지막까지 정리해주시는 분임을 깨닫게 되었다.

그래서 혹시 우리가 성령님이 시작도 하지 않으신 일에 인생의 모든 것을 걸고 있지는 않은지 심각하게 생각해봐야 한다. 하나님의 일은 내가 원해서 하고 싶은 일을 하는 게 아니라, 성령님이 처음부터(알파) 무엇을 할 것인가를 가르쳐주시고, 보여주시고, 계속해서 간섭하시면서 끝날 때까지(오메가) 동행하시며 이루시는 것이다.

그래서 많은 것을 이루는 것보다 더 중요한 것은 그분의 말씀을 듣고 깨달으며, 그분의 방법대로 그분의 시간에 맞추어 순종하며 이루어가는 것이다.

꿈을 현실로 이루는 과정의 가장 첫 번째는 하나님의 말씀이어야 한다. 하나님께서 내게 먼저 말씀해주시고, 동기를 주시고, 계속 도와주시며 마침내 모든 것을 이루어주신다. 신앙생활을 하다보면 우리가 이루었다고 착각할 때가 많다. 그러나 시간이 지나 뒤돌아보면 하나님께서 일의 시작부터 간섭하셨고, 결과적으로는 그분의 힘으로 이루셨다는 것을 깨닫게 된다. 그래서 꿈을 현실로 이루는 과정 중에 가장 중요한 것이 바로 성령님이 말씀해주시는 단계이다. 성령님은 우리에게 여러 가지 방법으로 말씀해주신다.

1. 하나님의 말씀으로 말씀하신다

성령님은 우리에게 주신 성경, 즉 66권의 구약과 신약이라는 '사랑의 편지'를 통해 하나님의 뜻을 보여주시고 들려주신다. 우리는 아침이나 저녁에 성경을 읽거나 쓰면서 어떤 종교 의식처럼 형식적인 시간을 가질 때가 많다. 그러나 성령님은 하나님의 말씀을 통해서 우리에게 순간순간마다 다이내믹하게 말씀해주시고, 우리의 삶에 섬세하게 관여하고 싶어하신다.

지금은 천국에 계신 나의 멘토였던 김동명 목사님은 제자들에게 늘 이렇게 말씀하셨다.

"예수님은 사랑하지 않으면서 성경을 하나님처럼 섬기는 '성경인'(biblicist)들이 언제나 교회에서 문제를 일으킨다. 그러니까 성경을 통해 말씀을 만나지 말고, 말씀 속에 계신 예수님을 만나도록 훈련해라!"

얼마나 정확한 지적인가! 예수님의 제자인 우리는 하나님이 주신, 살아 있는 성경 말씀을 '경건한 취미 생활'의 종교적 교제 정도로 간주하면 안 된다. 그 말씀 속에 살아 계신 예수님의 영, 즉 성령님과의 긴밀한 유대(fellowship)를 이루어야 한다.

'로고스'(Logos)는 기록된 말씀이고, '레마'(Rhema)는 로고스를 통해 우리에게 주시는 하나님의 말씀이다.

예수께서 대답하여 이르시되 기록되었으되 사람이 떡으로만 살 것이 아니요 하나님의 입으로부터 나오는 모든 말씀으로 살 것이라 하였느니라 마 4:4

여기서 '말씀'이라는 단어의 원어가 '레마'이다. 이는 성경에 문자로 쓰여 있는 로고스가 아니라, 성령의 감동과 감화를 통해 로고스가 내게 레마가 될 때, 우리가 그 힘으로 산다는 것이다. 떡으로만 살 것이 아니요 레마로, 하나님이 주신 말씀으로, 매일의 '영의 떡'으로 산다는 것이다.

그러면 레마를 어떻게 들을 수 있을까? 하나님의 말씀은 설교 시간뿐만 아니라 집에서도 듣고, 또 산책이나 운전을 하면서도 계속 들어야 한다. 주일에 45분짜리 설교를 듣는다고 해도 설교 전체를 기억하는 사람은 거의 없다. 말씀을 증거하는 설교자도 다 기억을 못하는데 듣는 사람이 모두 기억한다는 건 무리이다. 또 그렇게 해야 된다고 기대하는 설교자도 없다.

어떤 설교를 듣는 중에 내게 꼭 필요한 말씀이 성령의 역사로 내 가슴속에 레마로 새겨질 때가 있다. 한 문장이든 한 단어든 마음을 강력하게 두드리는 말씀이 있다. 이것이 하나님께서 주시는 레마임을 깨달아 꼭 붙들어야 한다.

어렸을 때 주일학교에서 외우고 또 노래한 요한복음 3장 16절 말씀도 어느 날 내가 성령충만함을 받아 '아, 하나님이 정말 나를 사랑하시는구나. 나를 위해 십자가에 못 박혀 죽으셨구나. 내가 그로 말미암지 않고는 구원을 받을 수 없구나' 하고 깨달아질 때 비로소 로고스에서 레마로 다가오는 것이다.

로마서 12장에 나오는 말씀, 즉 '산 제물'에 대해 많이 읽고 설교도 들었지만 어느 순간에 그 말씀이 내 가슴속 깊이 레마로 새겨지면서 '맞아, 내가 예수 안에서 정말 산 제사로 바쳐져야만 세상 속에서 세상을 변화시킬 수 있다'라고 내게 생명력 있게 와 닿게 된다. 그래서 하나님의 말씀은 계속 듣고, 가능한 한 많이 들어야 한다.

할 수 있는 한 여러 목사님의 말씀을 구해서 들어라. 어떤 사람들은 "이 목사님의 말씀은 좋고, 저 목사님은 안 좋고" 하며 말씀을 듣는데 이것은 매우 좋지 않은 모습이다. 목사님들을 통해 풍성한 은혜를 누리기 위해, 또 그 분들이 하나님의 말씀을 전할 때 장점만을 받아들여서 우리의 영성이 더 성장할 수 있도록 말씀을 많이 들어야 한다.

그러나 신앙생활의 성장은 하나님의 말씀을 듣는 것만으로는 이루어지지 않는다. 스스로 말씀을 읽어야 한다. 성경을 일 년에 한 번이상 꼭 통독해보자. 창세기부터 요한계시록까지 하루에 3장 정도만 읽어도 일 년에 한 번은 통독할 수 있다. 많은 성도들이 시간이 없다고 말하지만 말씀을 읽지 않는 삶은 계속 더 여유가 없어질 수밖에 없다. 자신을 하나님의 말씀에 비추어 보는 훈련이 되면 쓸데없는데 시간을 도적질 당하지 않게 되기 때문이다.

그래서 반드시 시간을 내서 하나님의 말씀을 읽어야 한다. 성경읽기표를 붙여놓고 매일 말씀과 씨름하는가? 하나님의 말씀을 묵상하고 있는가? 하나님의 말씀을 생활의 중요한 부분으로 삼고 있는가? 우리는 스스로를 정기적으로 점검해야 한다. 이 부분에서 전문가는 없다. 우리는 끝까지 아마추어로 남아서 매일 말씀과 씨름해야 한다.

말씀을 듣고 읽은 뒤에는 그에 대해 공부해야 한다. 신앙의 성장은 말씀을 단순히 읽는 것에서만 끝나지 않는다. 시험을 치르기 위한 공부가 아닌 깨닫기 위한 공부, 깊이 느끼기 위한 말씀 공부가 필요하다.

예를 들어 앞서 말한 '로고스'와 '레마'라는 단어들의 원어를 찾아보면서 두 단어의 다른 점을 좀 더 깊이 연구해보고, 하나님의 말씀을 공부하는 데 응용해볼 수 있다. 이렇게 말씀을 깊이 있게 공부할 때 더 크고 깊은 은혜를 체험할 수 있다. 그러기 위해서 성경 사전이나 주석 등을 찾아서 말씀을 깊이 파고 들어갈 수 있도록 하자.

하나님의 말씀을 듣고, 읽고, 공부한 다음에는 말씀을 암송해야 한다. 암송을 해놓으면 우리가 정말 필요할 때 하나님의 말씀이 머

릿속에 떠오르기 시작한다. 그래서 암송이 중요하다. 많은 신앙의 선배 목사님들이 후배들에게 권고하기를 그들이 평생 살면서 깨달은 가장 중요한 신앙 훈련 중 하나가 '말씀 암송'이라고 했다.

암송의 다음 단계는 '말씀 묵상'이다. 머리에 암송된 말씀을 되새기며 가슴까지 오게 하는 것이 바로 묵상이다. 다윗 왕이 위대한 것은 그가 하나님의 말씀을 많이 암송해서가 아니라 많은 말씀을 묵상했다는 것이다. 암송의 분량이 아닌 묵상의 분량이 그의 믿음을 위대하게 만들었다.

오래전에 한 선배 목사가 "나는 얍복강의 야곱처럼 하나님의 말씀 한 구절을 가지고 몇 년 동안 씨름했다"라는 표현을 했는데 그때는 잘 이해하지 못했다.

'아니, 어떻게 말씀 한 구절을 가지고 몇 년 동안이나 씨름할 수 있을까?'

그러나 많은 시간이 지난 후에 삶을 통해 조금씩 그 말의 뜻을 알게 되었다. 사실 말씀 묵상은 말씀과 내가 단둘이 하는 목숨을 건 씨름이다. 내 인생과 생각이 완전히 뒤집힐 때까지 하나님의 말씀 한 구절을 붙잡고 씨름하듯 묵상해야 한다.

나는 1979년에 예수님을 처음 믿었던 때부터 지금까지 빌립보서 1장 21절, "이는 내게 사는 것이 그리스도니 내게 죽는 것도 유익함이라"라는 말씀과 씨름하고 있다. 이 말씀을 묵상하면 할수록 더욱 내 삶이 깊어지고, '내 삶 자체가 그리스도이기에 내겐 죽음 자체도 진정으로 유익함이 될 수 있구나'라고 깨닫게 된다. 이것은 머리로 깨닫는 게 아니라 말씀에 삶 자체가 부딪쳐 깨지고 부서져서 내 삶에 실존하게 되었다.

하나님의 말씀이 이 모든 과정을 거쳐서 내 삶 속에서 실천되어져야 말씀이 실존하게 된다. 결과적으로 말씀이 육신이 되는 단계로, 말씀을 묵상하면서 그것이 삶 속에 현실로 나타나는 것을 말한다.

예를 들어, "공중의 새도 먹이시고 들풀들에게도 옷을 입혀주신다고"(마 6:26-30) 하며 다 책임져주시겠다는 말씀을 나도 설교를 통해 진심으로 믿었고, 많이 선포했다. 그러나 그것이 하나님의 말씀으로 선포하는 자와 듣는 자들의 삶 속에서 정말 현실화되고 있는가는 별개의 문제이다.

1998년에 나는 40일 금식을 하며 미국 전역에 있는 한인 2세들을 사용해달라고 하나님께 외치기 시작했다. 1991년에 개척한 이민 2세 목회는 잘 성장되어 다른 지역에도 개척교회를 세웠고, 개인적으로 여러 지역을 다니며 부흥 집회도 인도할 때였다. 외부적으로는 아무 문제가 없었지만 내 마음속에서는 '거룩한 불만'(holy dissatisfaction)이 계속 일어나고 있었다.

'주님, 이 정도의 사역을 감당하기 위해 제 모든 것을 내려놓으라고 하셨나요?'

하나님나라를 위해서라면 남가주(남부 캘리포니아) 지역의 2세들뿐만 아니라 미국 전역의 2세들이 동원돼야 한다는 생각이 나를 짓눌렀다. 그런데 금식기도 21일째에 성령께서 내게 '너는 이제부터 한 교회를 섬기는 게 아니라 전 미국에 있는 2세들, 또 전 세계의 다음 세대들을 위해 특별한 사명을 가지고 일해라'라고 말씀하시는 게 아닌가!

오직 성령이 너희에게 임하시면 너희가 권능을 받고 예루살렘과 온 유대와 사마리아와 땅끝까지 이르러 내 증인이 되리라 하시니라 행 1:8

그러면서 이 말씀처럼 예루살렘을 떠나 땅끝까지 가서 사역을 감당해야 한다는 확신이 들었다. 그리고 이 일을 이루기 위해 개척하여 7년 동안 섬기고 있던 교회에서 받는 사례를 포기하라고 말씀하셨다. 나는 고민하기 시작했다.

'주님, 제게 세 아이들이 있는 것을 아시죠. 또 어머님을 모신 지 14년이 된 것도요. 매달 많은 경비가 필요한데 어떻게 사례를 받지 않고 생활할 수 있습니까?'

하지만 주님은 한 번 명령을 내리신 후에 침묵을 지키셨고, 결국 나는 그 말씀에 순종했다.

40일 금식을 마치고 믿음을 가지고 기도원에서 내려와 우리 교회의 리더들에게 간증하고, 그것이 분명한 하나님의 뜻이라고 믿고 기도하며 그달부터 사례를 받지 않았다.

그러나 놀랍게도 순종하기 시작한 1998년 이후로 지금까지 하나님께서 주님을 사랑하는 많은 중보기도자들을 통해 매달 채워주심으로 생활할 수 있게 해주셨다. 그래서 하나님께서 공중의 새도 먹이시고 들풀의 옷도 입혀주신다는 것을 설교로만 선포하는 게 아니라 내 삶을 실제 사례로 보여줄 수 있게 되었다.

누군가가 그 긴 세월 동안 어떻게 사례를 받지 않고 생활했느냐고 물으면 나는 언제나 이렇게 대답한다.

"Miracle after miracle after miracle!"(기적 다음에, 기적 다음에, 기적을 통해서!)

이 책을 통해서도 이 기적들에 대해서 나누겠지만, 누군가가 내게 시간만 내준다면 하나님의 말씀에 순종함으로 주님의 채워주심을 매달 경험했던 간증들을 앉은 자리에서 12시간도 넘게 증거할 수도 있다.

하나님께서는 우리에게 말씀을 해주시고, 그 말씀이 우리의 삶 속에서 현실화될 때까지 계속 증명해주신다. 나는 은행의 잔고는 많지 않지만 천국 창고에 엄청난 기적의 간증을 쌓고 있는 중이다.

2. 교회를 통해 말씀하신다

성령님은 주님의 몸 된 교회를 통해 말씀하신다. 그래서 우리가 몸담고, 섬기고, 십일조 생활을 하는 교회가 우리의 영적인 가정과 신앙생활의 중심이 되어야 한다.

사도행전 13장에 보면 안디옥교회가 금식기도를 하면서 하나님의 뜻을 찾을 때 하나님께서는 바울과 바나바를 파송하라고 말씀하셨다. 그 말씀을 듣고 가슴이 뜨거워진 전 교인들은 한마음으로 말씀에 순종하여 그들을 파송한다. 사실 안디옥교회는 그때 성령님의 말씀에 한 번 순종해서 역사에 남는 교회가 되었다.

이처럼 하나님께서는 개인적으로 말씀하시기도 하고, 한 교회를 통해 당신이 하시고자 하는 일들을 명령하시기도 한다. 말씀에 한 번 순종함으로 역사적인 교회가 되고, 그 교회는 성도들의 영적 보호벽(covering)이 되어준다. 그러므로 내가 개인적으로 성령님의 말씀을 받는다고 생각하면 먼저 영적 지도자를 찾아가서 그들의 조언을 들어야 한다. 다른 영적 지도자를 찾는 게 아니라 내가 몸담고 있는 교회의 지도자에게 겸손히 물어야 한다.

내가 오래전에 다니던 교회의 한 집사님이 주일 아침에 간증을 했다. 그가 전날 밤에 꾼 꿈 이야기를 하는데 용이 나와서 범을 잡아 죽였다는 등 당시 예수를 믿은 지 얼마 안 된 내가 들어도 이상하다고 생각되는 이야기를 했다. 예배 후 담임목사님이 그를 불러서 그 꿈은 하나님이 주신 게 아니라고 정확히 가르쳐주셨다. 이것이 교회의 영적 지도자들이 해야 할 일이다.

내가 직접 방문해본 전 세계의 몇몇 교회들이 '성령님의 임재'라고 하며 마치 무당이 굿을 하는 것처럼 예배를 드리고 있어 걱정이 되었다. 교회의 영적인 지도력이 약해지면 온갖 잡종들이 교회에 침투해 들어온다. 집회를 하기 위해 방문했던 미국의 한 교회에서도 그런 일을 목격했다. 상당히 큰 이민교회였는데, 그곳에 하나님의 음성을 잘 듣는다는 한 여자 전도사가 있었다. 그런데 그 전도사는 주일 아침만 되면 교회 부엌에 들어가 "어제 저녁에 성령님이 말씀하셨는데 오늘 국밥의 국물은 멸치가 아닌 된장으로 해야 된다"라고 한다는 것이었다.

더 놀라운 것은 그런 말도 안 되는 요상한 명령이 떨어지면 그것에 맞추어 식당 당번들이 된장국을 끓인다는 거였다. 얼마나 우스꽝스러운 장면인가! 국물을 멸치로 하건 된장으로 하건 하나님이 무슨 상관이시란 말인가. 그 교회의 영적인 리더십이 약하기 때문에 그런 일들을 용납하고 있었다. 그 후에 여 전도사와 담임목사가 다른 도시로 도주하여 온 교회가 풍비박산이 났다.

그러기에 주님의 몸 된 교회가 더 많이 기도하여 하나님께서 정말 어떤 일들을 요구하시는지를 깨달아야 한다. 각 교회의 중보기도팀은 교회의 한 부서로만 존재하면 안 된다. 진정으로 교회의 리더들을 위해 금식하며 중보하고 죽기 살기로 기도해야만 한다. 담임목회자 외에 모든 리더들이 한마음으로 하나님의 뜻을 구하는 교회가 되어야 한다.

만약 교회적인 차원에서 하나님의 음성 듣기를 거부하면 궁극적으로 하나님께서도 그들을 거부하시게 된다. 요한계시록에 나오는 일곱 교회만 보더라도 위치 좋은 곳에서 교인들을 적당히 모아 매주 좋은 말씀을 가르쳐서 교회 목회자의 생활비와 사역비 정도를 충족했다고 칭찬받은 교회는 한 곳도 없다.

현재 중간 규모의 미국교회의 교인 수는 약 75명이라고 한다. 그들의 헌금으로 한 명의 목회자가 생활할 수 있는 조건이 갖추어진다. 이렇게 목회자의 생활비를 충당하려고 하는 교회들은 굳이 하나님의 음성을 들으려 하지 않을 것이다. 더 안타까운 것은 목회자들이 한 교회에 있는 기간이 2년 정도라는 것이다. 사실 나도 다섯 교회를 개척하며 체험했지만, 성도들의 신앙 상태도 제대로 파악하기 어려운 시간이다.

3. 음성으로 말씀하신다

창조부터 하나님은 말씀으로 역사하셨다. "빛이 있으라"라고 말씀하신 후 지금도 끊임없이 우리의 심령 속에 당신의 음성을 성령님을 통해 들려주고 계신다. 그런데 내가 "하나님의 음성을 성령님을 통해 듣는다"라는 간증을 하면 어떤 교회에선 거부 반응을 보인다. 많은 경우는 성령의 음성을 듣는다며 사기를 치는 영적 사기꾼들에게 당했거나 신학적으로 성령론에 대해 잘못 배웠기 때문인 것으로 보인다. 그러나 성경 말씀은 분명히 이야기하고 있다.

하나님께 속한 자는 하나님의 말씀을 들나니 너희가 듣지 아니함은 하나님께 속하지 아니하였음이로다 요 8:47

이 말씀을 통해 볼 때 하나님께서는 우리에게 음성을 들려주셔서 그분이 우리에게 원하시는 게 무엇인지 말씀하신다.

이 히어링의 단계가 매우 중요하기에 가짜도 나오고, 마귀도 끊임 없이 성도들로 하여금 성령님의 음성을 듣는 것에 대한 거부 반응을 일으키도록 한다. 이런 반응은 사랑하는 남편이나 아내의 음성을 듣지 않고도 긴밀한 관계(intimacy)를 유지할 수 있다고 우기는 것과 비슷하다.

성령님은 우리가 예수님과 더 깊은 관계에 들어가도록 음성으로 말씀해주시고 인도해주신다. 성령께서 계속 우리에게 음성을 들려주시는데, 듣기를 스스로 포기하는 건 정말 안타까운 일이다.

일흔을 바라보던 노종이지만 내게는 정말 친구같이 다정다감한 '키널'이라는 백인 목사님이 계셨다. 그는 캘리포니아주의 산호세와 내 처가가 있는 세크라멘토의 중간 지점에 있는 스탁턴에서 목회를 성공적으로 하고 계셨다. 한번은 세크라멘토로 집회를 하러 가기 전에 목사님께 전화를 걸었다.

"키널 목사님, 제가 오늘 12시쯤 스탁턴을 지나가는데 점심 식사를 같이 하시죠."

목사님은 좋아하면서 빨리 오라고 하셨다. 나는 정말 가벼운 마음으로 화창한 캘리포니아 고속도로를 달려갔다. 전날 밤 산호세에서의 집회도 잘 끝났고, 키널 목사님과 맛있게 식사할 생각을 하며 기쁜 마음으로 찬양 CD를 들으면서 운전하고 있었다. 그런데 갑자기 성령께서 말씀하셨다.

'석환아, 지금은 찬양을 들을 시간이 아니라 아무개를 위해서 중보기도를 할 시간이다.'

나는 조금 짜증스러워 주님께 반문했다.

'주님, 제가 지금 키널 목사님의 집에 점심 식사를 하러 가는데 무슨 중보기도를 해야 합니까?'

하지만 나는 곧 음악을 끄고 성령님이 말씀하신 분을 위한 중보기도에 들어갔다. 그런데 놀랍게도 마음속에 엄청난 부담이 파도처럼 밀려오면서 내 힘으로 도저히 들어갈 수 없는 깊은 중보기도로 들어

갔다. 거의 한 시간가량 기도를 하는데 또 성령께서 말씀하셨다.

'이것을 받아쓰라.'

나는 차를 갓길에 세우고 차 안에 종이가 없어서 왼손에다 그 말씀을 영어로 썼다.

'God gives and God takes away.'(하나님이 주시고 하나님이 거두신다.)

'대체 이 말씀을 어디서 증거해야 할까?'

나는 궁금증을 가진 채, 목사님 댁에 도착했다.

"키널 목사님, 제가 왔습니다!"

인사를 하며 문을 열고 들어가는데 목사님뿐만이 아니라 나이 많은 백인 장로님들이 거실에 앉아 있었다. 목사님이 그날 아침에 모든 장로들에게 전화를 걸어서 "오늘 우리 집에 동양인 친구 목사가 오는데 분명히 그를 통해 하나님께서 말씀을 들려주실 것이니 집으로 다 모이세요"라고 했다는 것이다. 그래서 장로님들이 직장에 가는 것도 포기하고 모였다고 했다. 나는 운전하고 오느라 배가 고파서 목사님에게 말했다.

"키널 목사님, 우선 점심을 먹고 모임을 하지요."

그런데 목사님이 단호하게 안 된다고 하셨다. 그래서 나는 준비해간 말씀도 없고 해서 내 손에 썼던 'God gives and God takes away'라는 제목으로 2시간 정도 말씀을 선포했다. 말씀을 선포할 때는 시간가는 것도 배고픈 것도 잊어버리는 게 내 특기이다(한번은 LA에 있는 한 교회의 청년부원들을 데리고 밤에 수양관에 올라갔다. 밤 11시부터 말씀을 증거했는데 한참 하다보니 다들 매우 피곤해 보였다. 나는 속으로 '아니, 하나님의 말씀을 들으면서 왜 저렇게 힘들어할까' 하며 시계를 보았더니 새벽 3시였다. 내가 쉬지 않고 4시간 동안 설교를 한 것이었다).

말씀이 끝나고 정말 배가 고파서 내가 간청했다.

"목사님, 빨리 가서 식사합시다. 맛있는 것은 둘째 치고 가장 가깝고, 가장 빨리 먹을 수 있는 곳으로 갑시다!"

그런데 한 장로님이 눈물을 흘리면서 말했다.

"오 목사님, 제 간증을 듣기 전에는 이 거실에서 한 발자국도 나가실 수 없습니다."

50대 중반쯤 되어 보이는 미국인 털보 장로님이 말했다. 하나님이 그를 15년 전에 목회자로 부르셨다고 한다. 그러나 당시 그는 사업을 막 시작한 상태였고, 자녀들도 어렸다. 그런데 하나님께서 그를 부르시며 '너는 모든 것을 포기하고 나를 위해 목회자가 되라'라고 말씀하신 것이다. 그는 사업을 포기하지 못해 하나님의 말씀에 불순종했다. 그런데 7,8년 전에 다시 한번 주님이 말씀하셨다.

'이제 그만 사업을 포기해라. 그리고 나를 위해 목회자로 교회를 섬기라!'

그런데도 '주님, 지금은 정말 안 됩니다. 사업이 성공적으로 잘되고 있고, 아이들도 대학에 막 들어갔습니다. 이것들을 포기할 수 없습니다'라고 주님의 두 번째 부르심에 불순종했다고 한다. 그러면서도 한편으로는 야간 신학교에 다니며 교회에서 사역도 담당하면서 오랜 기간 동안 목회 준비를 하고 있었다고 한다.

그리고 내가 아침에 고속도로를 신나게 달리던 바로 그 시간에 털보 장로님이 성경 말씀을 묵상하고 있었는데, 성령님이 그에게 세 번째로 말씀하셨다.

'네가 15년 동안 이루었던 사업은 네 것이 아니다. 하나님이 주시고 하나님이 거두신다(God gives and God takes away). 나를 위해 목회자로 섬기지 않으면 이 모든 것을 다 거두신다.'

그가 두렵고 떨리는 마음으로 간절히 기도를 하고 있는데, 키널 목사님이 연락을 하셔서 사업장에 가지 말고 빨리 오라고 했다는 것이었다. 목사님의 초청으로 집에 오긴 했지만 '하나님께서 정말 모든 사업을 거두어가실까' 하는 두려운 마음으로 초조하게 앉아 있었다고 한다. 그런데 내가 들어오자마자 하나님의 말씀을 선포한다고 하며, "오늘 말씀의 제목은 '하나님께서 주시고 하나님께서 다 거두신다'입니다"라고 말했다는 것이다. 토씨 하나 안 틀리고 똑같은 말씀으로 섬세하게 말씀하시는 주님께 그는 그 자리에서 항복했다. 장로님이 울먹이며 말했다.

"오 목사님, 저는 지금 이곳에서 한 발자국도 떠날 수가 없습니다. 저는 진정한 목회자로서 하나님을 섬기기를 원합니다. 이 자리에서 두 분 목사님이 저를 목사로 안수해주시면 사업을 다 정리하고, 주님만을 위해 살겠습니다. 그리고 하나님께서 거두시기 전에 바치겠습니다."

그러고는 거실 바닥에 무릎을 꿇고 우리의 안수기도를 기다렸다. 키널 목사님과 나는 그를 부둥켜안고 울며 안수기도를 했다.

이렇게 하나님께서 직접적으로 음성을 들려주시며 그분의 뜻을 나타내주실 때가 있다. 또 목사님의 설교 혹은 가족과의 대화 중에도 그들을 통해 음성을 들려주시기도 한다.

사울 왕이 죽은 뒤 다윗은 자신의 다음 단계의 처신이 정치적으로 매우 중요하다는 것을 알고 있었다. 그런데 그는 누구에게도 자신이 어떻게 결정해야 할지 자문을 받지 않았다. 사무엘하 2장 1절에 보면 유일하게 여호와께만 여쭈어본다.

'어디로 가오리까?'

'헤브론으로 갈지니라.'

하나님께서 정확하게 말씀해주셨다. '유다 지역의 아무 성으로 가라'라고 말씀하시지 않고, '헤브론'이라고 지시해주셨다.

나도 1997년 어느 아침에 큐티를 마치고 일어서다가 '캄보디아'

라는 단어를 듣고 캄보디아 사역을 시작하게 되었다. 나는 지금 이 글을 폴란드에서 쓰고 있다. 이 지역에 있는 세 도시의 목회자들이 모인 '복음화를 위한 중보기도회'에 초대를 받았다. '그다니아'라는 지역의 한 리더가 15년 동안 '이 지역 목회자들이 함께 기도하며 복음을 위한 집회를 하게 해주십시오'라고 기도했고, 몇 주 후에 '예수님의 일주일'(Jesus Week)을 선포하고, 세 도시에 있는 교회들이 협력하여 집회를 진행하게 되었다고 한다. 그리고 진행팀의 리더들이 한자리에 모여 기도회를 한다는 것이었다.

그 조찬 중보기도회에 참석했더니 22명의 폴란드 목사님들과 지역 리더들이 모여 나를 기다리고 있었다. 맛있는 조찬 뒤에 이어지는 찬양과 기도를 마치고 내게 하나님이 주시는 말씀을 선포해달라고 했다. 나는 전날 기도하며 받은 잠언 27장 17절 말씀과 하나님께서 주신 '추수에 쓰이는 낫'에 대한 환상을 설명해주었다. 그런데 말씀 뒤에 한 목사님이 내게 와서 말했다.

"방금 전해주신 '철이 철을 날카롭게 하는 것'에 대한 말씀을 지난주에 저도 받았고, 목사님이 보셨다는 '낫'에 대한 환상도 보았습니다. 그래서 지난주에 참석했던 컨퍼런스에서도 나누었습니다. 똑같은 말씀을 주시는 성령님의 인도하심이 놀랍습니다!"

사실은 이런 인도하심이 우리 신앙생활의 자연스러운 부분이 되어야 하는데 자주 일어나지 않기에 아주 특별한 간증이 되어버린다.

다윗이 기도하며 '어디입니까'라고 했을 때 '헤브론'이라고 하나님께 답을 받는 것처럼 우리도 기도하며 하나님께서 섬세하게 대답해주실 것을 기대해야 한다.

4. 꿈을 통해 말씀하신다

여기서 '꿈'이란 '잠잘 때 보는 환상'이라고 할 수 있다. 성령님이 우리가 잠잘 때 꿈을 통해 환상을 주시기도 한다. 나는 1979년 8월 3일에 예수님을 인격적으로 만났다. 이민교회의 부흥회에 참석했다가 성령님의 음성을 듣고 내 모든 죄를 회개하고 예수님을 구세주로 영접했다. 그리고 그다음 달에 버클리대학에 입학해 한 학기를 마쳤다. 그 기간 중에 많은 것을 받고 체험했기에 학기말 시험을 치르자마자 나는 사막에 있는 한 기도원에 가서 금식을 시작했다.

열여덟 살짜리가 아무 준비도 없이 금식에 대한 책도 읽지 않고 무조건 시작했는데, 그곳에 있던 한 젊은 친구가 금식할 때는 소금을 자주 먹어야 된다고 했다. 그래서 생수만 마시면서 해도 힘든 금식을 나는 물도 마시지 않고 계속 소금만 먹었다. 덥고 메마른 사막에서 내 몸의 수분이 모두 빠진 데다 소금에 완전히 절은 나는 며칠 뒤 기도실에서 실신해버렸다.

겨우 정신을 차리고 집으로 돌아왔는데 어머니가 걱정스런 모습으로 "석환아, 네 얼굴이 왜 이러냐? 빨리 가서 쉬어라"라고 하시며 방으로 데려가주셨고, 나는 기절하듯 침대에 쓰러져 48시간 동안 잠을 잤다. 내 인생 중 가장 황홀한 단잠이었다. 그리고 그때 꾼 꿈이 내 인생의 가장 긴 꿈이기도 했다.

나는 이틀 만에 일어나 책상에 앉아 꿈을 기록하기 시작했다. 그리고 그 꿈의 해석도 써내려갔는데 내 생각이 내가 글을 쓰는 속도에 맞추어지지 않을 정도였다. 너무나 많은 생각이 폭포수처럼 쏟아져서 내 손이 그 많은 분량의 글들을 써내지 못했다.

이렇게 나는 예수님을 만나고 처음부터 '꿈'을 통해 성령님의 섬세한 인도하심을 체험했다. 그 꿈속에서 하나님이 주신 사명은 35년 동안 변하지 않고 아직도 진행형으로 이루어지고 있다.

성경에서 많은 인물들이 꿈을 통해 사명을 받는 것을 볼 수 있다. 가장 좋은 예로 요셉이 있다. 창세기 37장 5절에 요셉에 대하여 "요셉이 꿈을 꾸고"라고 소개하며 이야기를 시작한다. 그는 17세에 꾼 꿈을 붙잡고, 그 꿈이 이루어질 때까지 묵묵히 나아가 결과적으로 승리했다.

성령님은 오늘도 우리에게 꿈으로 무엇인가 말씀해주시기를 원하신다. '꿈'이라는 단어가 성경에 74번(흠정역성경[KJV] 기준) 나온다. 구약과 신약에는 꿈이 하나님께서 인간에게 말씀해주시거나 약속해주실 때 천사들을 통해 주시는 것으로 적혀 있다.

마태복음 1장 20절에서는 성령님이 요셉에게 꿈으로 마리아의 임신을 말씀해주셨고, 2장 12절에서는 동방박사들이 꿈속에서 헤롯에게 돌아가지 말라는 명령을 받았다. 그다음 절에서는 꿈속에서 천사들이 요셉에게 "헤롯이 아기를 찾아 죽이려 하니 일어나 아기와 그의 어머니를 데리고 애굽으로 피하여 내가 네게 이르기까지 거기 있으라"라고 했다고 기록되어 있다. 그냥 '위험하니 도망가라'가 아니라 정확한 장소와 시간을 꿈을 통해 명령하고 계신다. 우리는 신앙생활 중 꿈에 대한 편견을 버리고, 그 꿈속에서 하나님의 음성을 들어야 한다.

물론 영적인 꿈보다는 잠자리가 뒤숭숭해서 꾸는 꿈들이 더 흔하고 많다. 그러나 그런 꿈들은 마음속에 깊이 남지 않고 금세 없어져 버린다. 그런데 하나님이 주시는 꿈은 마음속 깊은 곳에 남고 평안을 준다. 영적인 의미가 있는 꿈은 우리 스스로도 확신할 수 있다. 이런 꿈을 꾸고 나면 깨는 즉시 내용을 적어서 남겨놓아야 한다.

하나님이 주신 꿈과 예언을 모아놓는 노트가 있다면 더욱 이상적이다. 하나님이 우리에게 주시는 꿈들을 무시하지 말고 될 수 있으면 모두 적어놓는 게 좋다. 그리고 구약의 요셉처럼 하나님이 주신 꿈이 이루어질 것을 믿고 묵묵히 나아가며, 신약의 요셉과 같이 꿈을 통해 명령하시는 주님께 순종하며 살아야 한다.

오래전 이민자 2세를 위해 개척한 교회에 줄리 웡이라는 중국인

2세 자매가 있었다. 개척한 지 몇 년이 안 되었을 때인데, 하루는 자매가 내게 와서 꿈 이야기를 했다.

"제 꿈속에서 예수님이 목사님을 안으시고 하늘로 높이 올라가셨어요. 그리고 전 세계를 보여주시고 많은 나라들이 하나로 엮어지는 것을 보여주셨어요. 하나님께서 목사님을 쓰셔서 세계의 많은 민족들에게 복음을 증거하기를 원하시는 것 같습니다."

개척한 지 얼마 안 되어 몇 명 안 되는 2세들과 평생 처음으로 목회를 하며 고생하던 시절이어서 세계 여러 곳에서 복음을 선포한다는 것은 상상도 못할 일이었다. 그러나 시간이 지나면서 하나님께서 그 자매의 꿈을 통해 보여주신 것처럼, 나는 세계를 향해 나아가기 시작했다.

1999년부터는 한 해에 8개국 이상 다니며 복음을 전하고 말씀을 증거할 수 있는 기회가 주어졌고, 그 후로 매년 10~16개국을 방문하며 말씀을 선포하고 있다. 지금까지 52개국에서 복음을 외쳤으니, 줄리 윙 자매의 꿈속 내용이 내 삶의 현실이 된 것이다(몇 년 뒤에 줄리 윙 자매도 사명을 받고 풀러신학대학원에서 목회를 준비하며 훈련하는 것을 보고 주님께 참 감사했다).

영적인 꿈을 꿨을 때 대수롭지 않게 지나치지 말고 적어놓고 계속 기도하고, 또 믿음으로 하나님께서 주신 모든 꿈들이 이루어지기를 간구해야 한다.

5. 비전을 통해 말씀하신다

성령님은 비전(vision)을 통해 우리에게 말씀하시기도 한다. 비전의 정의는 '잠을 자지 않는 상태에서 보는 환상'이라고 할 수 있다. 꿈은 잠잘 때 보는 환상이고, 비전은 깨어 있는 상태에서 보는 환상이다.

창세기 12장에 보면 하나님의 말씀이 아브라함에게 비전(환상) 중에 임했다고 했다. 나는 이와 같은 비전에 대한 확신이 있다. 그리고 현실적으로 이를 통해 많은 일들을 이루어가고 있다.

성경에는 '비전'이라는 단어가 79번(KJV 기준) 나온다. 창세기 15장 1절에 하나님께서 아브람에게 '비전 속에서'(in a vision) 말씀해주셨다고 처음으로 기록되어 있다. 구약 시대에는 비전을 보고 이해하고 해석해서 한 나라를 하나님의 통치권 아래로 인도한 다니엘 선지자 외에도 많은 영적 리더들이 비전을 통해 하나님의 음성을 들었다.

또한 신약의 사도행전에는 비전을 통해 베드로와 바울의 사역을 섬세하게 인도해주심이 기록되어 있다(9:10,12; 10:3,17,19; 11:5; 12:9; 16:9,10; 18:9; 26:19). 더욱이 사도행전 26장 19절에는 사도 바울이 아그립바 왕에게 자신이 하늘의 비전에 불순종하지 않았다고 말하는 구절이 있다.

개역개정 성경에는 "하늘에서 보이신 것을 내가 거스르지 아니하고"라고 기록하고 있지만, 영어 성경(KJV)에는 "I was not disobedient unto the heavenly vision", 즉 '천국의 비전에 불순종하지 않았다'라고 기록하고 있다. 이 말씀은 개인적으로 내게 큰 도전을 주었다. 그리고 스스로에게 질문하게 했다.

'과연 나는 하나님께서 성령님을 통해 주신 비전에 전폭적으로 순종하고 있는가?'

내가 버클리대학에서 철학을 공부할 때의 일이다. 당시 아버지가 남묘호렌게쿄라는 불교 이단에 빠져 가정을 버리고 나가시는 바람에 가족 모두가 고생할 때였다. 나도 교회의 청소부 생활을 하면서 어렵게 공부를 했다. 경제적으로 매우 힘들어서 끼니마다 가장 싼 막국수를 끓여서 간장을 풀어 먹던 때였다.

당시 내가 어느 책방에 들렀는데 성령님께서 표지가 흰색인 큰 영어 성경을 보여주시며 말씀하셨다.

'그 성경책을 사서 문석호 전도사에게 선물해라.'

주님이 말씀하신 분은 웨스트민스터신학교에 다니면서 박사학위 과정을 공부하시던 내 중등부 때의 전도사님이었다. 그러나 당시 그 책값인 25달러는 내게는 상상도 못할 정도로 큰돈이었다. 끼니를 때우기 위해 책들을 팔아야 했고, 재산 목록 1호였던 야마하 기타까지 전당포에 맡기려던 시절이었다.

그러나 나는 주님의 말씀에 순종하기로 하고, 있는 돈을 모두 모아서 성경책을 구입했다. 그리고 전도사님 댁으로 향해 가던 고속도로에서 비전을 보았다. 꿈이 아니었던 것이 차를 운전하며 보았기 때문이다. 비전의 내용은 먼 미래에 내가 책을 쓰고 있고, 문석호 전도사님과 그 책을 출간하는 모습이었다. 나는 깜짝 놀랐다.

열여덟 살짜리 학생에게 책을 출간한다는 자체가 생소했고 이해가 되지 않았지만, 하나님께서 주신 그 비전을 보면서 성령님의 감화를 받아 목 놓아 울며 하나님 앞에 기도로 헌신했다.

'하나님, 이 비전을 제 것으로 받습니다!'

거의 20여 년이 지난 후 문석호 전도사님은 한국의 총신내학교의 교목이 되셨고, 또한 '신앙과지성사'라는 출판사를 운영하셨다. 그리고 그곳에서 내 책 세 권이 출판되었다. 《세계 속의 한국인 2세》는 이민자 2세들의 신앙 상태에 대한 것이고, 《21세기의 2세 목회 방향》은 미국 이민 2세들의 목회 전략에 관한 것이며, 《모스코바 가는 밤》은 내 첫 번째 시집이었다. 참 놀라운 일이었다.

우리는 하나님이 주신 비전을 붙잡아야 한다. 믿음으로 붙잡을 때 하나님께서 이루신다. 비전을 붙잡으면 그것이 그분의 뜻대로 나를 만들어가기 때문이다. 시간이 지나면서 내 삶이 그 비전에 맞추어져서 내가 변화된다. 그러므로 나는 하나님께 어떤 비전을 받았는가, 그것이 나를 새롭게 만들어가고 있나를 매일 확인해야 한다.

오랜 세월이 지나 나는 문 목사님의 추천으로 총신대학교의 채플 시간에 말씀을 선포하기 위해 방문했다. 교목실에 들어갔는데 내가 선물했던 그 흰색 영어 성경이 책장의 가장 중요한 곳에 꽂혀 있는 것을 보고 정말 감격스러웠다. 목사님이 가난했던 미국 유학생 시절의 자신보다 더 가난했던 제자의 선물을 한국에까지 가지고 오신 것을 보고, 서로 영적으로 통했던 것을 알게 되었다.

한번은 이런 일이 있었다. 대전에 있는 부흥사인 친구 집에서 하룻밤을 묵고, 다음 날 아침에 둘이 손을 잡고 기도하는데 갑자기 친구 목사가 비전을 받고 말했다.

"하나님께서 당신에게 유럽을 모아주시네!"

당시 나는 유럽에 가본 적도 없고, 갈 필요도 없었다. '미국의 한인 2세들을 향한 선교사'라고 스스로 생각하고 미국 외에는 생각조차 하지 않던 시절이었기 때문이다. 그러나 친구를 통해 하나님께서 주신 비전을 믿음으로 무조건 받았다. 그 자리에서 "할렐루야" 하며 하나님께서 내게 유럽을 모아주신 것을 믿고, 먼저 감사기도를 드렸다.

이처럼 하나님께서 다른 사람을 통해 비전을 주실 수도 있다. 중요한 것은 비전이 어떤 방법으로 전해지느냐가 아니라 내가 그것을 믿음으로 받는가 받지 않는가이다. 아무리 주님이 우리에게 비전을 주셔도 받지 않으면 바로 사라진다.

그 후 얼마 지나지 않아 미국 플로리다주의 헐리웃에 있는 이민교회에서 부흥집회를 인도했다. 그런데 그곳에 독일에서 여행을 온 한 목사님의 딸이 참석했다. 집회 마지막 날에 내가 안수하며 기도할 때 그녀가 은혜를 받고 완전히 새로워졌다. 그래서 그 자매가 마이애미 집회의 비디오테이프를 가지고 독일로 돌아가서 목사인 아버지에게 간증을 하기 시작했다(자매는 그 뒤에 40일 금식을 했고, 주 안에서 새롭게 변화받았다). 아버지 목사님은 그런 딸의 놀라운 변화를 보고 은혜를 받아서 그 테이프들을 수백 개씩 복사해서 유럽의 곳곳에 보내기 시작했다.

그리고 수년 뒤 유럽에 퍼지기 시작한 비디오테이프의 영향으로 유럽 10개국 목회자들이 모여서 나를 초청했다. 어떤 성도는 노르웨이에서 35시간 동안 차를 타고 도착했고, 영국에서 14시간, 파리에서 17시간 동안 운전을 해서 온 사람들도 있었다. 또 베를린에서 학생들이 비행기를 타고 오기도 했다.

그렇게 유럽 전역에 있는 이민 2세들, 350여 명이 모여서 집회를 했다. 뜨거운 찬양과 말씀이 선포되고 성령님의 역사하심으로 마지막 날에 250여 명이 주님을 위해 살겠다고 목회자로 헌신했다. 정말 오순절과 같은 강력한 통성기도로 하나님께 바쳐지는 기적을 체험했다(처음 플로리다에서 은혜를 받은 자매는 사모가 되어 LA에서 현지인 목회자를 열심히 도우며 어린아이들을 위한 사역을 감당하고 있다).

하나님께서 주신 비전을 꼭 붙잡으면 내 이성으로는 전혀 이해가 안 되고, 현실로도 불가능해 보이는 비전이 나를 만들어간다. 그래서 하나님께 받은 비전을 지나쳐서도 업신여겨서도 안 된다.

'아, 내가 헛것을 보나? 과대망상중에 걸렸구나' 하고 무시하지 말고 하나님이 주신 비전이라고 믿음으로 받았으면, 그것이 현실이 될 때까지 붙잡고 나아가야 한다.

그 비전을 받은 지 20년이 지난 2014년에 나는 폴란드에서 이 간증을 썼다. 그 기간 동안 유럽의 여러 나라에서 집회를 수십 번 인도했다. 폴란드의 엘블롱시에서는 수백 명의 폴란드 목회자와 교회 리더들과 3박 4일간의 컨퍼런스를 인도했다.

내가 쓴 《기도로 이끄는 삶》이 2013년에 폴란드어로 출간되었고, 이 지역의 목회자들이 그 책으로 훈련한 게 계기가 되어 2014년에는 4~5개 도시의 목회자들이 모여서 리더십 컨퍼런스를 개최했다. 150명 정도 올 것이라 예상하고 준비를 했는데 200명이 참석했다고 주최 측에서 기뻐하며 다음 해에는 500명 정도의 모임을 준비하자고 했다.

또한 폴란드의 아름다운 항구 도시인 그디니아에서도 3일간 부흥회를 인도했다. 이 지역의 3개 도시에서 목회자들의 연합기도회가 있어서 20여 명의 목회자들이 참석하여 12년 동안 지역 부흥을 위해 기도하다가 처음으로 연합 부흥집회를 주최하게 되었다고 했다. 할렐루야!

저녁에 말씀을 선포하고 같이 통성으로 기도하는데 다들 얼마나 뜨겁게 기도했는지 모른다. 사실 폴란드 교인들은 좀처럼 통성으로 기도하지 않는다고 했다. 아침 일찍 그 지역의 한 목사님에게서 연락이 왔다. 전날 집회에 참석한 6명의 목사님이 연합기도 모임에 동참하기로 했다며 '이 지역에서는 있을 수 없는 기적'이라고 간증했다.

3일 부흥회를 마치고 다음 날 아침, 목회자 연합기도회를 인도한 후 또 독일 뒤셀도르프시에서 집회를 인도하고 미국으로 돌아가게 되었다. 20년 전 친구 목사를 통해서 주신 비전, '하나님이 유럽을 모아주신다는 것'을 믿음으로 받지 않았다면 아마도 이런 간증은 쓰지 못했을 것이다.

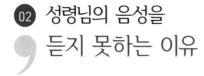

성령님의 음성을 듣지 못하는 이유

우리는 삶 속에서 말씀을 제대로 히어링하지 못해 얼마나 많은 간증을 놓치고 있는지 모른다. 성령님은 계속 음성을 들려주시는데 우리가 듣지 못해 주님이 인도하시는 사역에 동참하지 못하는 건 아닌지 깊게 생각해보아야 한다. 우리가 성령님의 음성을 듣지 못하는 이유는 여러 가지가 있다.

첫 번째는 불신이다

성령님의 존재와 그분이 우리에게 말씀하신다는 것에 대한 불신이 있으면 당연히 들을 수 없다. 성령님이 내 옆에서 아무리 큰 소리로 말씀하셔도 '불신'이라는 귀마개 때문에 못 듣는다. 불신이 생기는 몇 가지 형태가 있다. 먼저는 우리의 신앙 성장의 과정에서 성령님의 존재를 신학적이나 교리적으로 부정하도록 교육받은 경우에 그분의 존재와 사역에 대해 부정적인 자세를 취하게 된다.

이런 사람들은 성령님의 음성을 들으면 이상하다고 생각하고, 영적인 꿈을 꾸어도 단순히 꿈이었다고만 여기고, 성령님이 환상을 보여주시면 비성경적이라고 등을 돌린다. 정작 가장 성경적인 신앙을 산다고 주장하지만 성경에 써 있는 성령님의 임재와 사역에 아무런 도움을 받지 못하고 사는 것이다.

이는 김동명 목사님이 지적하신 것처럼 성경에 의해 자유하게 되는 게 아닌 '성경에 얽매인 사람(biblicist)'으로 종교적인 삶을 살 수밖에 없다.

성령님에 대한 불신이 생기는 또 하나의 이유는 그들의 신앙 성장 과정에서 겪은 가짜 성령사역자에 대한 상처와 아픔 때문이다. 세상엔 언제나 진짜와 가짜가 공존한다. 그러나 인생에 한 번 돌팔이 의사를 만나 고생했다고 해서 이후로 병원에 절대 가지 않겠다고 결심한다면 얼마나 한심한 일인가!

성령님의 사역이 정말 중요하기 때문에 마귀는 자꾸 가짜 성령사역자들을 만들어낸다. 가짜 때문에 생긴 불신은 어쩔 수 없지만, 그 때문에 진짜를 추구하지 않는 것은 전적으로 우리의 책임이다. 가짜 명품백을 속아서 구입한 뒤 세상에 명품백은 없다고 발표한다고 하

자. 내가 구입했던 가짜 명품백에 대한 불신으로 인해 진품의 존재 자체를 부인한다면 그것은 세상적으로 보아도 그리 똑똑한 처신이 아니다.

그런데 내가 만나본 꽤 많은 성도들이 몇 번의 안 좋았던 경험을 토대로 성령 사역 자체를 부인하며 적대시하는 모습을 보면 무척 안타깝다. 왜냐하면 진짜 성령님은 존재하시고, 우리에게 오늘도 말씀하고 계시기 때문이다.

두 번째는 더러운 마음이다

디도서 1장 15절에는 "깨끗한 자들에게는 모든 것이 깨끗하나 더럽고 믿지 아니하는 자들에게는 아무것도 깨끗한 것이 없고 오직 그들의 마음과 양심이 더러운지라"라고 쓰여 있다. 우리의 마음 그릇이 더러우면 아무리 깨끗하고 좋은 것을 받아도 결과적으로 더러워진다. 우리 속에 더러운 마음이 생기는 이유는 우리가 세상의 정욕에 빠져 있기 때문이다. 예수님은 이런 마음에 대해 경고하셨다.

가시떨기에 떨어졌다는 것은 말씀을 들은 자이나 지내는 중 이생의 염려와 재물과 향락에 기운이 막혀 온전히 결실하지 못하는 자요

눅 8:14

성령님의 말씀은 듣는데 세상의 잡음에 더 집착하여 결과적으로는 영적인 열매를 못 맺는 신앙인들에 대한 주님의 경고이다.

세 번째는 불순종이다

실존철학자인 쇠렌 키에르케고르는 "내가 정말 믿기 힘든 것은 진정으로 순종하기 힘들어서이다"(It is so hard to believe because it is so hard to obey)라고 말했다.

사무엘 선지자가 불순종하는 사울 왕을 꾸짖으며 말한다.

"사무엘이 이르되 여호와께서 번제와 다른 제사를 그의 목소리를 청종하는 것을 좋아하심같이 좋아하시겠나이까 순종이 제사보다 낫고 듣는 것이 숫양의 기름보다 나으니 이는 거역하는 것은 점치는 죄와 같고 완고한 것은 사신 우상에게 절하는 죄와 같음이라 왕이 여호와의 말씀을 버렸으므로 여호와께서도 왕을 버려 왕이 되지 못하게 하셨나이다 하니"(삼상 15:22,23).

불순종하기로 마음 먹은 자들은 하나님의 말씀을 들었음에도 듣지 못한다고 말하고, 이해를 못했다고 변명하지만, 성경은 그런 불순종의 모습과 행동으로 하나님의 말씀 자체를 버린 것이라고 지적한다. 하나님의 많은 말씀을 대하고도 계속 "못 믿겠습니다"라고 응답하는 배경에는 이미 그 말씀에 불순종하겠다는 자신의 결정이 포함되어 있기 때문이다.

네 번째는 비판적인 영이다

나는 버클리대학에서 철학을 공부했다. 철학과에서는 비판적인 생각(critical mind)을 장려할 뿐만 아니라, 그것을 완성하기 위해 많은 훈련을 시킨다. 철학과 졸업반 학생들은 매주 15장짜리 논문을 쓴 후에 두 명씩 조를 이뤄 서로의 논문을 비판하도록 훈련받는다. 그리고 교수님과 셋이 만나 먼저 내가 상대의 논문에 대해 30분 동안 비판을 하고, 그다음 30분은 상대가 내 것에 대한 비판을 한다. 그리고 나서 교수님이 누가 더 우수하게 비판했는가를 가려준다.

그렇게 20주 동안 진행한 후에 더 많이 이긴 사람이 A학점을 받는다. 이런 훈련을 받으면 웬만한 책과 논문을 읽을 때 그냥 넘어가지지 않게 된다. 비판적인 생각의 각을 세워 자르고 부수고 하는 데는 도가 튼다.

이것은 신학을 공부하며 내 믿음을 정리하는 데, 더욱이 이단들과의 싸움에서 꼭 필요한 훈련이었다. 그런데 비판적인 생각이 '비판의 영'으로 바뀌면 신앙에 문제가 생기기 시작한다.

천재적인 저술가인 C. S. 루이스가 옥스퍼드대학의 토론 대회에서 많은 상을 받았다고 한다. 그런데 어느 순간, 자신의 날카로운 마음(sharp mind)으로 토론에는 이기고 있지만 비판의 영이 자신을 지배하는 것을 느끼게 되어 토론 대회에 참석하기를 거부했다고 한다.

우리는 신앙생활을 하며 끊임없이 "왜"(Why)라는 질문을 하며 자신의 믿음에 대한 지식과 지혜를 얻어야 한다. 그러나 내 삶 자체가 비판적인 영으로 가득 차게 되면 결과적으로 성령님의 음성을 들을 수 없게 된다.

하나님의 지혜에 있어서는 이 세상이 자기 지혜로 하나님을 알지 못하므로 하나님께서 전도의 미련한 것으로 믿는 자들을 구원하시기를 기뻐하셨도다 고전 1:21

이 말씀의 가르침은 미련한 자가 되라는 게 아니라 세상의 아무리 뛰어난 지혜로도 하나님을 알 수 없기에 그분을 의지하라는 것이다. 신학이 아무리 발달하고 새로운 깨달음이 쌓인다 해도 하나님을 온전하게 알 수 있는 지혜에는 이르지 못한다는 것이다. 하나님의 영인 성령님만이 우리로 하여금 그 지혜에 이르게 한다.

다섯 번째는 두려움이다

성령충만한 사람들은 두려움이 없다. 오래전 타지키스탄으로 선교 여행을 갔다. 여전히 무슬림들의 내전이 있었고, 밤이면 총소리와 폭탄 터지는 소리가 멀리서 들리던 지역이었다. 작은 승합차를 타고 비행장에서 선교 센터로 이동할 때, 동행했던 미국 이민교회의 사모님이 그곳 선교사님에게 정중히 물었다.

"선교사님, 이곳에서 죽을병에 걸리면 어떻게 되나요?"

질문 자체가 평범한 것이 아니었기에 다들 조용히 선교사님을 주목했다. 그때 아주 짧은 정적을 깨고 선교사님이 퉁명스럽지만 아주 정중하게 대답했다,

"네, 죽어요!"

나는 여전히 그날의 사건을 머리에 떠올리면 웃음이 터져나온다. 그리고 아내와 그 선교사님의 이야기를 할 때는 아예 이름을 '네, 죽어요 선교사님'이라고 한다. 그러나 솔직히 말하면 그것이 우리 신앙의 꽤 많은 질문들에 대한 정답이 아닌가! 죽을병에 걸리면 죽는 것이다. 그리 어렵지도 힘들지도 않은 많은 질문들을 우리는 복잡하게 신학적으로 또는 신앙적으로 이해하려고 하는 건 아닌지 생각하게 된다.

사랑 안에 두려움이 없고 온전한 사랑이 두려움을 내쫓나니 두려움에는 형벌이 있음이라 두려워하는 자는 사랑 안에서 온전히 이루지 못하였느니라 요일 4:18

일단 두려움이 우리에게 들어오면 성령님의 음성을 들을 수가 없다. 죽을 수 있는 환경이지만 그분이 가라고 말씀하시면 순종하여

가면 된다. 그러나 두려움이 우리의 순종을 가로막는 함정이 된다.

솔직히 말하면 믿음을 떠나 통계학적으로만 보아도 우리가 선교지에서 순교할 확률은 거의 없다. 그런데도 마귀는 '두려움'이라는 아주 효과 좋은 방법을 통해 많은 예수님의 제자들이 성령님의 음성을 못 듣게 한다. 정말로 안타까운 현실이다.

나중에 '네, 죽어요 선교사님'이 간증을 하시는데 그 도시에서 노방 전도를 하다가 성경이 없어서 비밀리에 성경을 소지하고 있다는 백인 선교사에게 성경을 나누어달라고 부탁했다고 한다. 그런데 백인 선교사가 자신이 가지고 있는 성경 전체를 비싼 값에 구입하라고 했단다. 그때 그 선교사의 집 지하실에는 습기 때문에 썩어가고 있는 성경이 쌓여 있었다. 그 선교사는 무슬림들의 보복이 두려워 성경을 나누어주지도 못하고 있었다. 그런 상황에서 돈을 주고 성경을 사라고 하다니….

하나님께서는 그 도시에 나누어주라고 백인 선교사에게 성경을 주셨지만, 그는 두려움 때문에 순종도 못하고, 그 도시에 거주하는 당신의 백성을 위한 하나님의 뜻도 이루지 못했다. 그 간증을 들으면서 "두려움에게 자신을 주면 두려움이 당신의 운명을 도적질할 것이다"(Fear will rob of your destiny if you give yourself to it)라는 말이 생각났다.

여섯 번째는 더러운 영의 방해이다

미식축구를 보면 쿼터백이 앞으로 달려가는 선수를 향해 공을 던진다. 그리고 반대편 팀은 그 공을 받지 못하게 하느라 모든 힘과 노력을 쏟는다. 선포된 성령님의 말씀을 못 듣게 하려고 더러운 영들이 팀이 되어서 수작을 하는 것과 비슷한 모습이다. 성령님의 음성을 흐트러뜨리는 악한 영들이 무엇인지 살펴보자.

압살롬의 영: 이 영은 언제나 하나님의 권위에 도전하게 한다. 반항적인 모습을 취하게 하며, 목자 되신 예수님의 사랑을 의심하게 하고, 하나님과 다른 사람들과의 관계를 힘들게 만든다. 이것들은 성령님의 음성을 듣는 것을 방해할 뿐만 아니라, 주님의 몸 된 교회에 들어와 교회의 권위에 도전하게 하고, 서로 헐뜯게 하여 교회의 유대를 무너뜨린다.

목자가 양들을 위해 상황을 판단하고 쉴 만한 물가로 인도하기 위해 작은 언덕을 넘으려고 할 때 양들이 그의 주권에 도전하며 "왜 하필 힘든 언덕을 넘으려고 하냐"라고 한다면 관계만 끝나는 게 아니라 더 이상 목자의 소리를 듣지 못하게 된다.

가룟 유다의 영: 이 악한 영은 우리로 하여금 "내가 이 말씀에 순종하여 얻는 유익은 무엇인가"라는 자기중심적인 질문을 끝없이 하

게 한다. 하나님의 음성을 듣고자 하는 것의 궁극적인 목적은 내가 더 잘되고 복 받고 성공하기 위함이 아니다. 우리의 주인 되신 예수 그리스도의 뜻과 마음을 헤아려 그분의 나라와 뜻이 이 땅에서 이루어지게 하기 위해서 듣는 것이다.

또한 이 영은 '배신의 영'이다.

> 그때에 열둘 중의 하나인 가룟 유다라 하는 자가 대제사장들에게 가서 말하되 내가 예수를 너희에게 넘겨주리니 얼마나 주려느냐 하니 그들이 은 삼십을 달아주거늘 그가 그때부터 예수를 넘겨줄 기회를 찾더라 마 26:14-16

그렇다면 우리의 '은 삼십'은 무엇인가? 성령님의 말씀에 순종하지 못하게 하는 마귀의 은 삼십은 도대체 무엇인가? 가룟 유다의 배신의 영을 가진 많은 자들이 교회에 들어와 영적인 꼴을 먹이던 목자를 배신하고, 서로 물어뜯게 하여 결과적으로 예수님을 배신하게 만든다. 이렇게 자기도취에 빠진 자에게 어떻게 성령님의 음성이 들리겠는가.

이세벨의 영: 이는 우상숭배와 음욕의 영이다. 얼마 전 미국의 저명한 기독 여론조사기관인 바나리서치의 한 보고서를 보고 깜짝 놀랐

다. 굉장히 높은 비율의 미국 남자들이 인터넷 포르노에 빠져 있는데, 세상 남자들과 교회 안의 남자들이 거의 차이가 없다는 것이다.

과연 한국은 어떨까? 몇 년 전 한국의 큰 도시의 청년부 집회를 갔다가 충격적인 뉴스를 접했다. 한 형제가 사업상 술집을 방문했는데 자기 교회의 청년부 자매가 접대를 하러 나왔다는 것이다.

이런 이세벨의 영이 득실거리는 상황에서 어떻게 성령님의 음성이 들릴까. 주님을 따르기로 결정하면 그다음에 가장 필요한 것은 정결이다. '결정'이라는 단어를 뒤집으면 '정결'이 된다. 말장난이 아니라 정말 그렇다. 주를 위해 살겠다고 아무리 매일 결정을 해도 정결의 삶이 시작되기 전까지 그 모든 결정은 무의미하다.

성령님의 음성을 못 듣게 하는 더러운 영들과 그들의 영향력에 대적하여 싸워야만 한다. 우리는 성령님의 음성만을 듣고 그 말씀에 복종해야만 한다.

우리의 싸우는 무기는 육신에 속한 것이 아니요 오직 어떤 견고한 진도 무너뜨리는 하나님의 능력이라 모든 이론을 무너뜨리며 하나님 아는 것을 대적하여 높아진 것을 다 무너뜨리고 모든 생각을 사로잡아 그리스도에게 복종하게 하니 고후 10:4,5

03 순종적인
히어링

진실한 들음은 순종적인 들음이다. 하나님께 귀 기울여 듣는다는 것은 하나님께 순종한다는 것을 의미한다. 위로부터 오는 진정한 지혜는 그것에 순종할 준비가 되어 있는 사람들만이 받는 것이기에 성경은 '순종이 제사보다 낫다'(삼상 15:22)라고 말한다. 예수님은 제자들에게 이 비유를 말씀하셨다.

그러나 너희 생각에는 어떠하냐 어떤 사람에게 두 아들이 있는데 맏 아들에게 가서 이르되 얘 오늘 포도원에 가서 일하라 하니 대답하여 이르되 아버지 가겠나이다 하더니 가지 아니하고 둘째 아들에게 가서 또 그와 같이 말하니 대답하여 이르되 싫소이다 하였다가 그 후에 뉘

우치고 갔으니 그 둘 중의 누가 아버지의 뜻대로 하였느냐 마 21:28-31

주님의 물음에 대한 당신의 답변은 무엇인가? 예수님은 그를 따르는 자들에게 순종적인 들음을 요구하셨다.

오스왈드 챔버스(Oswald Chambers) 목사가 말했다.

"당신의 옛 사람이 그리스도와 함께 십자가에 못 박혔다는 증거는 무엇일까? 그것은 당신 안에 있는 하나님의 생명이 당신으로 하여금 예수 그리스도의 음성에 순종하게 만든다는 것이다. 그러나 이런 순종은 거저 얻어지는 게 결코 아니다."

하나님께 순종하기 위해서는 가능한 한 빨리 순종하는 게 필요하다. 하나님이 당신에게 말씀하셨다는 확신을 갖게 될 때가 바로 실행해야 할 때이다. 무조건 그것을 행동으로 옮겨보라. 즉각적인 실천은 내가 어떤 믿음의 소유자인지를 말해준다.

순종한 만큼만 성령님을 체험할 수 있고, 순종의 혜택을 받게 된다. 성경은 "너희가 즐겨 순종하면 땅의 아름다운 소산을 먹을 것이요"(사 1:19)라고 기록했다. 만약 당신이 이 땅에서 최선의 소산을 원한다면 지금 당장 하나님의 말씀에 순종하기 시작하라!

순종과 불순종은 마음의 중심에서 결정된다. 모세는 "너와 네 자손이 네 하나님 여호와께로 돌아와 내가 오늘 네게 명령한 것을 온전히 따라 마음을 다하고 뜻을 다하여 여호와의 말씀을 청종하면"(신 30:2)이라고 말하고 있고, 신약에서는 하나님을 사랑하는 사람만이 그분께 순종할 수 있다고 기록하고 있다. "예수께서 대답하여 이르시되 사람이 나를 사랑하면 내 말을 지키리니 내 아버지께서 그를 사랑하실 것이요 우리가 그에게 가서 거처를 그와 함께하리라"(요 14:23). 그리고 순종할 때 복을 받게 된다고 약속한다. "예수께서 이르시되 오히려 하나님의 말씀을 듣고 지키는 자가 복이 있느니라 하시니라"(눅 11:28). 주님이 오래전에 준비하시고 베풀어놓으신 복을 놓치지 말자. 성령님의 말씀을 듣고 순종하자.

한 영혼을 위한 음성

몇 년 전 미국 캘리포니아주 어바인시에 후배 목사가 개척교회를 한다고 3일 간의 집회를 요청해서 쾌히 승락했다. 금요일과 토요일 밤 그리고 주일예배를 인도하기로 약속했다. 나도 교회를 다섯 번 정도 개척을 해봐서 그 고충을 잘 알기에 시간만 맞으면 무조건 허락한다. 그런데 개척한 지 3년도 안 된 교회에 250여 명 정도 모여 있었다. 금요집회에서 첫 번째 말씀을 선포해야 해서 온 성도가 기쁨으로 은혜를 받을 수 있는 말씀으로 준비해갔다.

그런데 강단 위에 서서 말씀을 선포하기 시작하자 성령께서 계속 이런저런 죄에 대해 회개하라는, 전하는 내가 민망할 정도로 강도 높은 말씀을 전하라는 마음을 주셨다. 일주일 동안 고된 일을 마치고 힘들게 금요부흥집회에 참석한 착한 성도들에게 미안해서 예배가 끝난 후 인사도 제대로 못할 지경이었다.

나는 차를 타고 집으로 돌아오며 주님께 불평했다.

'뭐예요, 주님! 저는 모든 성도에게 도움이 될 말씀을 준비해 갔는데 왜 이리 무거운 회개의 말씀을 주십니까?'

그런데 주님은 아무 대답이 없으셨다. 토요일 밤 집회에서는 아무 문제없이 준비해간 말씀을 선포했고, 주일예배도 모든 순서를 잘 마쳤다. 교인들과 예배당 문 앞에서 기쁜 마음으로 악수를 나누며 인사를 하는데 한 여대생이 내게 편지를 전해주었다.

집으로 돌아와 그 편지를 보고 나는 깜짝 놀랐다. 그 자매는 금요일 저녁에 어머니가 부흥회에 참석하러 간 뒤에 자살하려고 화장실에 칼과 노끈을 준비하고 기다리고 있었단다. 그런데 어머니가 자기 방에 느닷없이 들어와 "오늘 집회는 꼭 너와 함께 가야겠다"라고 해서 할 수 없이 금요집회에 참석했다고 한다.

그런데 내가 설교 중에 자기가 범하고 있는 죄를 조목조목 불러가며 얼마나 회개하라고 소리치는지 그 자리에서 회개를 하고 새사람이 되어 주를 위해 살겠다고 결심했다는 것이다.

주님께서 한 영혼을 위해 말씀을 통째로 바꾸셨다. 그리고 그 말씀을 듣고 순종한 딸도 살려주셨다. 주님의 말씀을 들으면 주저하지 않고 곧 순종해야 복을 받고, 한 영혼을 구원하고자 하시는 간절한 하나님의 마음을 체험하게 된다.

듣고 바로 순종하기

나는 많은 나라에서 집회를 인도했다. 그곳에서 누구를 만나서 무슨 이야기를 하고, 어떤 사역을 전개해야 할지 도저히 인간의 능력으로는 알 수가 없다. 지역이 바뀌면 문화가 바뀌고 영적 상태가 달라진다. 같은 지역이라도 누가, 어디서, 어떻게 얼마 동안 사역을 해왔는가에 따라 사역의 상태와 방향과 취향이 바뀐다.

이런 여러 상황을 내 머리로 계산하고 결정해야 한다면, 나는 아마도 오래전에 선교 동원 사역을 포기했을 것이다. 그러나 매순간 상황에 필요한 사람을 보내주시고, 사역을 연결시켜주시는 것을 통해 하나님나라와 그의 의를 이루어가신다.

한번은 영국 옥스퍼드에 도착해 세인트 엘데이트교회에 갔다. 그 교회는 10세기부터 시작되어 지금까지 옥스퍼드 지역에 복음을 증거하고 있는 대표적인 교회이다. 그런데 부목사님인 골든 목사님에게 내가 조용기 목사님의 기도 영성에 대해 쓴 《기도로 이끄는 삶》을 선물하라는 마음이 강하게 들었다. 그래서 미국에 도착한 뒤 우편으로 바로 보내드렸다.

다음해에 박사과정 때문에 다시 옥스퍼드에 갔더니 골든 목사님이 비서를 통해 식사를 같이 하자고 제의했다. 그가 정말 근사한 이탈리아 음식을 대접하며 "나는 조용기 목사님을 은사로 섬기고 있고, 오산리기도원에서 큰 은혜를 체험한 후 목회자의 길을 가게 되었습니다"라고 말했다.

그러면서 내게 그 교회의 목회자들 새벽기도 모임에 와서 말씀을 전해달라고 부탁했다. 나는 감사한 마음으로 초청에 응했다. 그리고 그 모임에 온 부목사님들에게 내가 기도를 해줄 때 그들이 방언을 받는 사건이 있었고, 그것이 계기가 되어 그 교회의 450여 명의 청년들이 모이는 집회도 인도하게 되었다.

그 후로 유럽 전역을 다니며 '세인트 엘데이트교회 골든 목사의 친구'라는 이유로 얼마나 많은 덕을 보았는지 모른다. 런던에서 영향력 있는 사역을 하고 있는 데니스 그리니지 목사에게 내가 '골든 목사의 친구'라고 하자 "골든은 제 가장 친한 친구입니다. 오 목사님, 런던에 오면 꼭 저희 교회에서도 집회를 인도해주세요"라고 부탁을 하는 게 아닌가!

주님의 음성을 듣고 바로 순종한 것이 끝도 없이 많은 열매를 맺게 되었다. 한순간 한 곳에 심었던 '순종'이라는 넝쿨이 온 곳에 퍼져 많은 열매를 곳곳에 맺는 원리이다. 오늘도 성령님은 우리에게 끊임없이 말씀해주고 계신다. 당신은 히어링하고 있는가?

모스크바 가는 밤은

주님, 주님도 가시지요

이 밤 잠 못 이루고 있네요
모스크바도 깨어 있겠지요

오늘 밤 주님 동행하시니
마음 든든합니다

영하 33도 꽁꽁 언 그 땅에
주님의 열기
십자가에서 퍼부었던
그 피의 열기가
뚝뚝 떨어지게 하소서

당신과 모스크바 가는 밤은
참 아름답습니다

주여, 당신도 가시지요
모스크바로…

Part 2

묻고
듣는 삶

HEARING

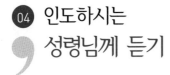

04 인도하시는 성령님께 듣기

성령님은 인도하시는 하나님이시다. 시편 23편의 말씀대로 "여호와는 나의 목자"이신 것이다. 우리는 우리의 목자가 되시고 인격체이신 성령님의 인도하심을 매일 받아야 한다. 기도할 때 성령님을 찾으면 하나님은 우리를 초자연적으로 인도하실 것이다. 사도 바울은 하나님을 따를 때 엄청난 자유가 있다고 말했다.

> 너희가 만일 성령의 인도하시는 바가 되면 율법 아래 있지 아니하리라 갈 5:18

나는 오랫동안 사역을 하면서 여러 번 같은 질문을 받았다.

"하나님은 전능하시니 무슨 일이든지 내가 간구하기 전에 해주실 수 있지 않은가?"

당연히 그렇게 하실 수 있다. 그러나 문제의 핵심은 우리가 주님을 따르는 목적이 그분으로부터 어떤 것을 얻기 위함이 아니라 그분께 가까이 다가가기 위함이라는 사실이다. 또한 하나님은 우리에게 쉬지 말고 기도하여 매일 그분의 조언을 구하라고 말씀하신다. 지속적이고 개방된 의사소통이 없이는 건강한 대인 관계를 가질 수 없다. 마찬가지로 우리가 하나님과 매일 대화를 하지 않는다면 그분과 좋은 관계를 유지할 수 없다.

하나님이 우리를 인도하기 원하신다는 사실을 인정하라. 그분은 광야에서 이스라엘 백성을 구름기둥과 불기둥으로 인도하셨다. 예수님은 제자들에게 따라오라고 말씀하셨다. 동일하게 성령님도 우리를 인도하길 원하신다. 우리는 그런 성령님을 전폭적으로 신뢰하고 그분의 인도에 순종해야 한다.

성령님 내비게이션

2세 교회를 처음 개척한 후 온종일 사역을 하고 밤늦게 집으로 돌아갈 때였다. 그날은 오전 6시에 LA시내에서 크리스천 경영인을 위한 성경 공부를 인도한 후 저녁에 다른 도시의 대학에 가서 설교를 했다. 그리고 마지막으로 또 다른 도시에 있는 교회 리더의 집에서 지도자 훈련을 하고, 밤 11시가 되어서야 끝났다. 나는 몹시 피곤했다. 그래서 집에 돌아간다는 사실이 정말 기뻤다. 그때 성령님이 내 마음속에 말씀하셨다.

'나는 네가 제이(가명)를 지금 당장 만나기를 원한다!'

나는 속으로 '하나님, 제가 오늘 당신을 위해 충분히 일하지 않았나요' 히며 여러 변명 거리를 만들기 시작했다.

'주님, 무엇보다도 제가 그의 연락처를 전혀 모릅니다. 주소도 전화번호도 가지고 있지 않다고요.'

1990년 초에는 휴대폰도 가지고 있지 않았다. 나는 성령님의 말씀에 순종할 수 없는 확실한 이유를 가지고 있었다. 그리고 늦은 밤 고속도로에서 집으로 질주하고 있는 내게 갑자기 누군가를 만나라고 명령하시는 성령님이 조금은 의심스러웠다. 그런데 성령께서 다시 말씀하셨다.

'걱정하지 마라, 내가 너를 그곳으로 인도하마!'

너무나 기이한 경험이었다. 그래서 솔직히 '이것은 하나님의 음성이 아닌 정신병의 시작'이라는 생각도 들었다. 그러나 나는 하나님의 음성을 안다. 예수님이 말씀하시기를 양은 목자의 음성을 듣고 안다고 하셨다.

'내가 그 음성을 듣고 2세 목회도 시작하지 않았던가. 그 음성이

심방을 인도하시겠다는데 무엇이 이상할까!'

이런 생각이 들자 하나님의 음성이라는 확신이 들었다. 나는 심호흡을 한 번 크게 하고, 그날 밤에 가장 큰 믿음의 도전을 시도했다. 내가 성령께 말씀드렸다.

'그러면 그곳으로 저를 인도해주세요!'

그러자 그때부터 성령님이 직접 지시하시기 시작했다.

'다음 번 출구를 통해 고속도로를 빠져 나와서 지역 도로로 우회전하라.'

나는 지시대로 운전을 했다.

'앞에 보이는 다른 고속도로로 진입하라.'

성령님은 '어떤 길로 빠져나가라, 좌회전을 해라, 우회전을 해라'라고 계속 지시하셨고, 그렇게 한참을 가다가 '차를 오른쪽에 정차하고 왼쪽을 보라'라고 말씀하셨다. 순간 나는 심장이 멎을 듯 깜짝 놀랐다. 그곳에 샌드위치를 파는 가게가 있었는데, 제이가 거기서 바닥 청소를 하고 있는 게 아닌가!

나는 차창을 통해서 그를 멍하게 바라보고 있었다. 그때 시간이 밤 11시 45분쯤이었다. 차에서 내려서도 바로 그에게 다가가지 못했다. 심호흡을 또 한 번 하고 가게 문을 두드렸다. 그러자 그가 나와서 나를 보더니 깜짝 놀라며 물었다.

"아니, 목사님, 제가 여기서 일하는 걸 어떻게 아셨어요?"

몰론 나는 그가 거기서 일하고 있는 걸 몰랐다.

"하나님이 나를 이곳으로 일방적으로 인도하셨어. 혹시 제이가 나를 만나야 할 이유가 있나?"

내 말에 제이가 바닥에 주저앉아 울음을 터뜨렸다. 조금 진정이 된 후 그가 말했다. 그의 아버지는 6개월 전에 엄청난 경제적인 부담을 이유로 가족을 버리고 떠났다고 했다. 당시 그는 대학생이었기에 공부하며 가족을 부양하기 위해 두 곳에서 일을 해야만 했다. 샌드위치 가게에서 일을 마치고 다른 곳에 가서 밤새 창고를 지키는 일을 한다고 했다. 그래서 그가 사람을 만날 수 있는 시간은 가게 문을 닫는 밤 11시 30분에서 12시 30분 사이뿐이라고 했다.

그런데 다니기 시작한 지 얼마 안 된 교회의 담임목사가 밤 11시 45분에 자기의 일터로 심방을 온 것이었다. 그가 울먹이며 말했다.

"제 상황이 창피해서 아무에게도 이야기할 수 없었어요. 그래서 지난 6개월 동안 하나님께 누군가를 보내달라고 기도했어요. 이 무거운 짐을 함께 나누고 기도를 부탁하려고요!"

나는 울면서 그를 위해 간절히 기도해주었다. 그날 제이에게 나를 인도하신 성령님의 임재 속에 뜨거운 기름부음이 있었다. 내 십대 시절에 아버지가 남묘호렌게쿄에 빠져 가정을 버리고 고생했던 이야기를 해주며 그를 위해 간절히 기도해주고 집으로 돌아왔다.

다음 날 아침에 나는 남가주 지역의 지도를 보며 한 번 더 놀랐다. 성령께서 내게 처음 지시를 시작하신 곳에서 제이의 샌드위치 가게까지는 두 도시를 통과해서 가야 하는 거리였다. 한국이었다면 서울의 강남에 있던 내가 밤에 운전하여 경기도 수원에 있던 샌드위치 가게를 찾아가는 것과 비슷한 거리였다. 성령님의 인도하심은 이처럼 대단하고 정확하다. 그 어떤 내비게이션보다도 믿을 수 있다.

성령께서 우리의 삶도 이처럼 인도하실 수 있다. 그러기에 우리는 언제든지 삶의 운전대를 그분께 맡겨야 한다(몇 년 뒤에 제이를 어느 찬양 집회에서 만났는데 주님의 일을 하려고 성경대학에서 준비하고 있다는 좋은 소식을 전했다).

성령님은 인격이시다. 그래서 아주 당연하게도, 그분이 말씀하신 것은 인용표시 안에 말씀 그대로 기록되었다. 실제로 사도행전에서는 성령님이 말씀하신 것을 큰따옴표로 표시하여 그것이 그분이 하신 말씀 그대로인 것을 나타냈다. 성령님은 대충 이야기하시는 게 아니라 큰따옴표에 들어갈 수 있는 정확한 말씀을 하신다. 큰따옴표에는 말씀한 그대로를 적어야지 내 생각을 대충 적으면 그 자체가 표절이 된다.

남의 것을 훔쳐와 자기 것처럼 적는 것도 표절이고, 들은 것을 대강 적는 것도 마찬가지이다. 성령님이 말씀하실 때는 그분의 한 말씀 한 말씀이 다 중요하다는 것을 명심해야 한다.

천사를 보내어 인도하시다

몇 년 전 룩셈부르크를 방문할 때의 일이다. 독일 프랑크푸르트에서 열린 코스테(KOSTE, 유럽 한인 유학생 선교회) 집회에서 만난 윤 집사님의 초대로 영국에서 공부하는 중에 시간을 내어 방문했다. 외국 여행 중에 맞는 주일에 그 도시의 국제교회에 참석하면 영어 예배를 드릴 수 있어서 좋다.

주일 아침에 룩셈부르크 국제교회의 주소와 지도를 출력하여 손에 들고 나섰다. 걸어서 20분 정도면 갈 수 있는 거리였다. 그런데 30분이 지나도 주소에 나와 있는 길은 보이지 않아서 나는 미아가 되어 거리를 헤맸다. 더구나 주일 아침이어서인지 걷는 동안 단 한 사람도 만나지 못했다. 그래도 다행히 성경 말씀을 들으며 묵상했기에 은혜로운 시간이었다.

내가 있던 곳은 지도에도 나타나지 않은 외딴 지역이어서 다시 호텔로 돌아가려고 방향을 바꾸려는데 내 쪽으로 걸어오는 한 청년이 보였다. 나는 주소를 적은 종이를 보여주며 영어로 물었다.

"형제여, 이 주소를 어떻게 찾아갈 수 있나요? 나는 지금 영어로 예배드리는 교회를 찾고 있어요."

그가 말했다.

"그 주소가 어딘지 잘 몰라도 당신이 가려는 교회에 저도 가는 중입니다."

정말 얼마나 반가웠는지 모른다.

"오, 당신은 나의 천사입니다. 이름이 뭔가요?"

그 천사 같은 형제가 말했다.

"제 이름은 가브리엘입니다."

정말 천사의 이름이었다. 그런데 놀랍게도 나의 천사인 가브리엘이 예배당을 향해 가지 않고, 한 고등학교의 정문을 지나 캠퍼스 안에 있는 체육관 3층으로 나를 인도했다. 교회 표시도, 도우미도 없었다. 그곳에 도착하니 200여 명 정도의 사람들이 모여 있었고, 영어 예배가 진행되고 있었다. 미국에서 선교사로 왔다는 분이 담임을 하고 계시는 교회였다.

예배 후에 담임목사님께 인사를 드리며 물었다.

"이 웹사이트에 나온 주소는 어떻게 된 것입니까?"

내가 조금 짜증스럽게 물었더니 그 분이 더 놀라며 말했다.

"인터넷을 정리하지 않은 지 오래되어서 예전 예배당의 주소가 남아 있는 것입니다. 그곳에서 예배를 드리지 않은 지 벌써 몇 년이 되었어요. 그리고 오늘 이 장소에서도 마지막 예배였습니다. 다음 주부터는 새로 건축한 예배 장소로 가게 됩니다."

나는 완전히 틀린 주소를 가지고 엉뚱한 동네에서 헤맨다고 생각했지만 바로 그 동네에 내가 가고자 했던 교회가 있었고, 가브리엘이라는 청년이 보통 때보다 늦게 일어나 교회에 오는 바람에 초행인 나를 그 누구도 찾을 수 없는 예배당으로 인도해준 것이었다.

주님의 인도하심은 인간의 머리로는 계산이 되지 않는다. 내가 가지고 있던 주소를 내 지도에 꼭 맞추어 정확하게 찾아갔어도 예배를 드릴 수 없었다. 그 교회가 존재하지 않았기 때문이다. 세상의 내비게이션이 아닌 '하나님 GPS(God's Positioning System)'께 만세! 하나님 GPS의 인도를 받으면 길을 잃어버려도 헤매지 않는다.

목회지로 인도하시다

사도행전 16장 9절에 보면 사도 바울에게 한 마게도냐인이 환상 중에 나타나 마게도냐로 와서 사역을 해달라고 간청하는 장면이 있다. 사실 사도 바울에겐 자신의 삶의 어느 하루에 일어난 사건이었지만 이 간단한 사건을 통해 세계 선교의 판도가 완전히 바뀐다.

바울이 원하던 선교 여행의 방향을 성령님이 막으시고 마게도냐 쪽으로 틀어주셨기 때문이다. 이렇듯 그리스도인의 삶은 내가 원하는 것을 내 마음대로 하는 게 아니라 우리의 주인 되신 그리스도께 여쭈어보고 결정하고 진행시켜야 한다. 내가 생각 없이 내린 결정이 내 인생 전체를 뒤틀어놓을 수 있기 때문이다.

더욱이 목회자들이 사역과 사역지를 결정할 때는 말할 것도 없이 신중히 기도하며 성령님의 인도하심을 히어링하고 전적으로 그 말씀에 순종해야 한다.

얼마 전 나는 한국의 강북에 있는 응암동 성민교회의 5주년 기념 예배를 인도했다. 이 교회의 이정녀 목사님은 우리 가정과 정말 특별한 관계이다. 아주 오래전 내가 조용기 목사님 교회의 2천 명의 리더들을 위해 제주도에서 집회를 인도했던 것이 TV를 통해 방송되었다. 그런데 그 말씀을 온 가족이 시청하며 많은 은혜를 받았고, 수소문하여 미국에 있던 내게, 자신의 딸인 박수미 자매를 통해 이메일을 보냈다.

그 후로 우리 부부가 한국을 방문할 때마다 박수미 자매(지금은 풀러신학대학원을 졸업한 전도사)를 통해 우리를 진심으로 섬겨주었다. 그런데 5년 반 전에 나를 찾아와 물었다.

"하나님께서 평신도인 제게 응암동에 교회를 개척하라는 음성을 들려주시는데 어떻게 하면 되죠?"

그래서 집에서 기도만 하지 말고 응암동을 직접 방문해서 여리고 성을 도는 것처럼 걸으면서 기도하라고 권면했다. 또 그 지역의 평화의 사람을 만나면 처음부터 교회를 한다고 거창하게 말하지 말고, 조용히 기도회로 먼저 시작하라고 조언해주었다.

그런데 이 분의 장점이 '순종'이었다. 내게 기도를 받자마자 응암동에 가서 땅을 밟으며 기도를 했다. 그러다 배가 고파서 한 만두집에 들어가 만두를 먹다가 그 집주인에게 물었다.

"이 지역에서 기도회를 할 만한 장소가 있을까요?"

그러자 만두집 여주인 두 분이 오래전에 교회에 다니다 쉬고 있었는데 '이제는 교회를 다녀야겠다'라고 며칠 전부터 이야기를 하고 있었다고 했다. 그래서 바로 만두집에서 기도회가 시작되고 성장하여 지금의 교회 건물로 이전을 했다. 그런 교회의 5주년 기념 예배를 인도했으니 얼마나 은혜로웠겠는가! 더욱이 그 예배 때 전도사 안수를 받은 신 전도사님이 내 안수기도를 받으며 방언을 받게 되었다.

사도행전 10장 5절에 천사가 고넬료에게 "네가 지금 사람들을 욥바에 보내어 베드로라 하는 시몬을 청하라"라고 하는 말씀이 있다. 그 말씀에 순종하여 베드로를 초대한 고넬료와 온 가족이 성령충만함을 받고 방언을 받는 이야기이다.

지금도 성령님은 어느 도시에 가서 누구를 만나라고 말씀해주고 계신다. 사도행전의 사람들이 성령께 전적으로 의존하며 사역했던 것처럼 내가 결정하여 주장하지 말고 철저하게 성령께만 의존해야 한다.

플로우하도록 인도하시다

나는 선교사 지망생들에게 강의할 때 꼭 플로우(FLOW)하라고 가르친다. 즉 (F)ollow the (L)ord in (O)bedience to His (W) ords & (W)ays! 다시 말하면 '주님의 방법과 말씀을 전적으로 따르는 삶'이다. 물이 자연스럽게 위에서 아래로 흐르듯 우리의 삶도 초자연적으로 살되 아주 자연스럽게 살아야 된다는 것이다.

사도행전에 예수님의 제자들의 예가 많다. 8장 26절에는 "주의 사자가 빌립에게 말하여 이르되 일어나서 남쪽으로 향하여 예루살렘에서 가사로 내려가는 길까지 가라"라고 기록되어 있다. 그곳은 광야로 가는 길이었다. 그곳에 갈 이유가 하나도 없는 상황이다. 그런데 명령에 순종한 빌립은 그곳에서 에티오피아 여왕의 국고를 맡은 관리인인 내시를 만난다. 그리고 그 사건을 통해 한 나라의 역사가 완전히 변한다.

몇 년 전 아프리카 에티오피아로 선교를 갔는데, 그곳에서 만난 에티오피아 목사들이 자랑스럽게 말했다.

"사도행전 8장에 나오는 에티오피아 내시를 통해 우리나라가 2천 년 동안 예수님을 믿게 되었습니다."

또 에티오피아인 목사 야레드에게서 사역에 대한 이메일을 받았다. 그는 몇 년 전 내가 에티오피아의 샤샤마니 지역에 부흥회를 인도하러 갔을 때 통역관으로 만났다. 첫날 내 영어 설교를 에티오피아어로 통역하며 얼마나 나보다 더 뜨겁게 외치는지 다음 날부터는 아예 그에게 말씀 선포를 부탁하고, 나는 밑에 앉아 중보기도만 했다. 그런데 야레드 목사가 충격을 받은 모양이었다.

"제가 오랫동안 통역 사역을 감당했지만 아예 제게 설교를 하라고 하신 분은 오 목사님이 처음입니다!"

선교지에 가는 것은 그 지역의 복음화를 위한 것이지 내 설교를 하러 가는 게 아니기에 누가 설교를 하든 문제가 되지 않았다.

미국에서 공부하는 한국인 신학생 30여 명과 일주일 정도 같이 여행하며 지켜보니 야레드 목사가 정말 내 마음에 들었다. 그래서 기왕이면 좀 더 공부를 하게 하여 에티오피아의 큰 일꾼으로 세워주고 싶은 욕심이 생겼다. 한국에 도착해서 외국인들을 훈련시키는 신학교에 모든 절차를 알아보고 이메일로 연락을 했다.

'사랑하는 야레드 목사, 내가 한국의 신학교에서 공부할 수 있는 모든 준비를 해놓았으니 오세요. 저희가 전적으로 후원합니다.'

며칠 뒤에 그에게서 응답이 왔다.

'빅 브라더(그가 나를 '형'이라 부르고 싶어서 'big brother'라고 부르라고 했다), 제가 아무리 기도를 해보아도 에티오피아 복음화를 위해서 집회를 하며 복음을 외치는 게 제 사명이라고 생각됩니다. 신학 공부를 사명으로 받은 다른 목회자를 추천해주십시오.'

사실 나는 이 응답을 받고 그와 같이 에티오피아 사역을 계속하기로 마음먹었다. 그런 좋은 기회를 마다하는 목사를 만나보질 못했기 때문이었다. 그 후로는 내가 에티오피아에 갈 항공료를 그에게 보내주어서 그가 그것으로 여러 도시의 전도 집회를 운영하고 있다.

이번에도 두 도시에서 자신의 친구 목회자들과 연합하여 수천 명의 집회를 주선했고, 많은 열매를 맺었다는 이메일이 왔다. 내 에티오피아 동생, 야레드는 플로우하는 목사이다. 그도 사도행전 8장에 등장하는 주의 사자의 명령을 들은 것이다,

'야레드야, 넌 아무리 좋은 기회가 와도 아무데도 가지 말고 이곳의 복음화를 위해 도시마다 다니며 전도 집회를 인도해라.'

결과적으로 그 말씀에 순종했기에 가는 도시마다 전도 집회를 후원해주는 동역자를 만나게 된 것이다. 할렐루야!

또 다른 플로우의 예가 있다. 얼마 전 예수전도단 북동아시아 DTS 훈련을 위해 아내와 하와이 코나에서 일주일 동안 있을 때였다. 수요일 밤에 비가 부슬부슬 오는데 갑자기 산 밑에 있는 코나 헤이븐(Kona Haven) 커피숍에 내려가야 된다는 부담이 들었다. 그래서 아내에게 같이 가자고 했더니 아내가 "여보, 나는 몸이 좀 안 좋으니 혼자 가세요. 그런데 당신, 평생 안하던 일을 하네"라고 했다. 사실 맞는 말이었다. 30년 결혼생활 동안 내가 자진해서, 그것도 비오는 밤에 커피숍에 가자고 한 적은 한번도 없었다.

그런데도 마음이 급해지며 빨리 내려가야 한다는 생각에 혼자 밤길을 걸어 산을 내려갔다. 중간쯤 내려오는데 성령님이 말씀하셨다.

'월요일 오후에 만났던 커피숍 매니저를 다시 만날 것이다!'

'주님, 왜요?'

사실 월요일에 아내는 다른 강사가 인도하는 내적치유 강의를 듣고 싶다고 해서 열방대학에 남아 있었고, 나는 혼자 커피숍에 내려와서 커피를 마셨다. 남은 시간을 이용해 2012년에 쓴 내 간증집인 《불기둥 구름기둥》을 읽으러 갔는데 그때 성령님이 말씀해주셨다.

'네 간증집을 저 자매에게 주어라!'

'주님, 코나에 한 권밖에 안 가지고 온 건데 왜 알지도 못하는 분에게 드려야 하죠?'

당신의 명령에 토를 다는 것을 우리 주님은 싫어하신다. 그래서 커피숍 매니저에게 책을 주었었다.

'그런데 주님이 왜 오늘 밤에 그 분을 또 만나라고 하실까?'

나는 의아해하며 그곳으로 내려갔다. 그런데 그 시간에 매니저가 커피숍의 테라스에서 내 책을 읽고 있는 게 아닌가! 정말 놀라웠다. 그래서 내가 "안녕하세요" 하고 인사를 했더니 그녀가 나보다 더 놀라며 말했다.

"15분 전에 주님께서 목사님이 내려오실 거라고 말씀해주셔서 기다리고 있었는데 정말 오셨네요!"

도대체 무슨 말이냐고 내가 물으니 그녀가 자기 이야기를 하기 시작했다. 그녀는 이곳에서 한인 목회를 하시는 목사님의 사모인데 오래전에 예수전도단 훈련을 받았다고 한다. 한동안 주님의 음성을 듣는 것에 무뎌지지 않았나 염려했는데 내가 온다는 음성을 듣고 기다려보았다는 것이다. 자기는 밤에 가게에 나오지 않는데 그날은 새로 온 아르바이트생을 훈련시키려고 나와 있었다고 했다. 그러면서 사모님이 내게 물었다.

"밤에 커피숍에 자주 오시나 봐요?"

나는 주님의 인도하심이 하도 놀라워서 너털웃음만 나왔다.

"허허… 글쎄요, 제 평생 처음입니다!"

오후에 예수전도단 팀원들에게 '플로우'라는 성령님의 인도하심의 원리를 가르치고, 그날 저녁 모범적으로 보여줄 수 있어서 더 의미가 깊은 밤이었다.

논문 작성을 인도하시다

1991년에 남가주에서 2세 목회를 시작하며 미국 한인 2세들에 대한 연구가 전무하다는 현실에 마음이 아팠다. 1989년에 졸업한 풀러대학원에 가서 미국의 한인 2세들에 대한 자료를 찾아보았지만 1991년까지는 단 한 편의 연구도 발표되지 않았다.

한국영사관도 마찬가지였다. 미국에 있는 한인들의 수에 대한 자료는 있지만 2세들의 수는 따로 발표되지 않았다. 당시 라디오코리아(LA교민들을 대상으로 하는 라디오방송)에서 회사 운영을 위해 한 연구에서 한인 전체의 33퍼센트 정도가 2세라고 발표된 것을 보았을 뿐이다.

사실 인도에 선교를 가도 그 지역의 인구 조사와 그들의 종교에 대해 자료가 상세하게 나와 있는데, 우리는 당시 남가주에 천여 개의 한인 이민교회가 있다고 다른 민족들에게 자랑만 하고 있었다. 그리고 이민교회를 대표한다는 큰 교회에서는 언제나 '2세를 책임지는 교회'라고 신문에 광고를 했다. 친분이 있는 그 교회의 담임목사님과 식사할 기회가 있어 내가 물었다.

"목사님, 남가주 지역에 2세들이 몇 명이나 있습니까?"

그런데 그 분의 대답이 나를 놀라게 했다.

"글쎄, 잘 모르겠는데…."

어떻게 몇 명인지도 모르는 2세를 책임질 수 있는가! 그렇다면 신문을 통해 계속 광고한 그들을 책임진다는 의미는 무엇인가? 그 광고를 읽는 2세들에게 '너희들이 몇 명이나 있는지도 모르는 교회에서 너희들을 책임진다더라' 하면 어떻게 이해할까? 또한 그런 이야기를 듣는 순간 기분이 상당히 상할 것이다.

그러나 나는 현실적으로 생각하기로 했다. 이민 1세 목회를 하기에도 힘든 1세 목회자들에게 잘잘못을 따지지 않고, 2세에 대한 연구는 2세 목회를 하는 내가 하기로 결정하고 풀러대학원 목회학 박사과정을 수료하기로 했다. 2세를 위한 개척교회에 대한 논문이었는데 몇 년 동안 혼자 연구한 내용을 발표하기 위해 모든 공부 과정과 논문까지 2년 안에 끝내기로 결정했다.

그런데 문제는 그해의 일정을 보니 월요일부터 금요일까지 완전히 비어 있는 주가 딱 한 주 밖에 없었다. 할 수 없이 내 데스크톱 컴퓨터를 통째로 풀러대학원 도서관 4층에 가지고 올라가 월요일 아침에 도서관 문을 열자마자 들어가서 닫을 때까지 있으며 5일 동안 250페이지의 논문을 작성했다. 정말 거짓말 같은 체험이었다. 목회학 박사 논문을 5일 만에 쓰다니! 그동안 연구한 많은 분량의 원서들을 다 펼쳐놓고 보면서 기도했다.

'주여, 너무나 많은 분량의 내용이라 제 머리가 터질 것 같습니다!'

그런데 기도만 하면 주님이 주시는 지혜가 임하며 아이디어가 계속 떠올랐다. 금요일 밤 10시에 풀러대학원 도서관에서 250페이지의 논문을 써서 들고 나올 때의 기분이 아직도 생생하다. 그다음 주에 논문을 들고 기도원에 들어가 금식하며 다시 정돈하여 학교에 제출했다. 그리고 아무 문제없이 목회학 박사 학위를 받았다. 주님이 시키시면 무조건 지시대로 하기만 하면 된다.

다음 해에 한국 신문을 읽다가 미국의 아주사퍼시픽대학에서 이민교회에 대한 논문 대회가 있다는 광고를 보게 되었다. 나는 마음속으로 생각했다.

'그것 참 좋은 아이디어네. 이것을 계기로 더 많은 사람들이 이민

목회에 대한 연구를 하면 좋겠다!'

그런데 뜬금없이 성령님이 말씀하셨다.

'네 논문을 대회에 내라, 그러면 금상을 받을 것이다!'

'주님, 그 논문은 제가 5일 만에 쓴 것입니다.'

그런데 아무 응답이 없으셨다. 곰곰이 생각해보니 솔직히 내 실력으로 쓴 게 아니고, 성령님의 간섭하심이 있었다는 것을 상기하며 순종하기로 했다. 아주사대학의 논문 대회에서 금상을 받으면 트로피와 상금도 받고, 시상식 날에 총장님까지 모시고 특강을 하도록 되어 있었다. 그래서 달력에 서너 달 뒤에 있을 시상식 날을 동그라미로 표시하며 생각했다.

'성령님이 내가 1등을 할 것이라고 하셨으니 시상식에 빠지면 안되겠지.'

사실 몇몇 친구 목사들에게서 그 시간에 선교 여행을 하자는 제의를 받았는데 내가 단호하게 말했다.

"그날은 안 돼. 아주사대학에서 금상을 받는 날이라!"

다들 상을 준다는 연락을 받았느냐고 물었다. 나는 "아직은 안 받았지만 곧 연락이 올 것이다"라고 말했다. 그리고 몇 달 뒤에 정말 내 논문이 아주사대학 논문 대회에서 금상을 받았으니 시상식에 참석해달라는 편지를 받았다. 할렐루야!

그날 어머님을 모시고 시상식에 참석해서 받은 트로피와 상금은 나를 위해 가장 많이 중보기도해주시는 어머님께 드렸다. 그 후에 소문이 났는지 풀러신학대학원에 계시는 김세윤 교수님에게서 목회학 박사과정의 학생들에게 논문 쓰는 요령을 강의해달라는 부탁을 받아 한인 대학원생들과 나눈 적이 있다. 공부도 연구도 논문도 기도하며 성령님의 인도하심으로 하면 간증이 남는다.

금식 중 인도하시다

사도행전 9장에 다메섹에 가던 사울이 예수님의 음성을 듣고 회심한 뒤 눈이 멀어서 다메섹에서 3일 동안 금식하며 기도하는 이야기가 있다. 그때에 다메섹에 아나니아라는 제자에게 주께서 환상 중에 불러 말씀하신다.

직가라 하는 거리로 가서 유다의 집에서 다소 사람 사울이라 하는 사람을 찾으라 그가 기도하는 중이니라 행 9:11

여기서 '직가'라는 것은 'Straight Street', '쭉 뻗은 길'이라는 의미로 아마도 '큰길'을 말할 것이다.

우리나라 실정으로 표현하면 주께서 환상 중에 내게 "강남의 큰길을 따라가다가 양재역 6번 출구 앞에서 토스트 집을 운영하는 강원도 속초 출신의 아무개를 찾아라, 그가 기도 중이다"라고 말씀하신 것과 같다. 아마 이 정도의 간증에도 많은 사람들은 당황할 것이다.

'왜 나는 그런 체험을 못하지? 내가 체험을 못했으니까 거짓말일 확률이 높을 거야!'

우리는 보통 이런 식으로 생각한다. 오래전 누군가가 내게 재미있는 이야기를 해주었다. 길을 가다가 개가 사람을 물면 '당황'하고, 지나가는 개를 사람이 물면 '황당'해한다고. 사도행전 9장 말씀을 계속 읽으면 우리가 처음 느끼는 '당황'이 곧 '황당'으로 변한다.

12절부터는 주님이 우리의 상상을 초월한 상황 설명을 더 상세히 아나니아에게 해주신다. 또한 그때 사울은 이미 환상으로 보았다. "아나니아라 하는 사람이 들어와서 자기에게 안수하여 다시 보게 하는 것을 보았느니라", 이처럼 주님은 두 사람에게 동일하게 환상을 보여주시며 말씀하심으로 그들의 만남에 하나님의 인도하심이 있었음을 확신하게 하신다.

1998년에 기도원에서 40일 금식기도를 하던 중이었다. 그때 하나님께서 세 사람의 이름을 알려주시면서 내가 그들을 어떻게 돌볼 것인지를 말씀해주셨다. 나는 매우 당황했다. 왜냐하면 30일째 금식기도를 하고 있었기 때문이었다. 나는 하나님께 여쭈었다.

'하나님, 제가 지금 그 일을 해야만 하나요?'

응답은 '그렇다'는 것이었다. 나는 하나님께 순종하기 위해서 며칠에 걸쳐 왕복 1,600킬로미터를 운전해야만 했다. 그 일이 그만한 가치가 있었을까? 물론 당시 그 말씀에 순종하기 위해 많은 대가를 치렀지만 지금 생각해보면 그것은 정말 가치 있는 일이었다.

내가 처음 방문한 곳은 미국의 기독교출판사인 가스펠라이트 (Gospel Light) 사였다. 이 출판사의 빌 그레그 사장님은 오래전에 비행기에서 우연히 만나 좋은 친구가 되었다. 그를 만나기 위해 3시간 동안 운전을 하고 가서 그에게 성령님이 주시는 말씀을 전했다.

'충성하라, 네 기업을 두 배로 성장하게 할 것이다!'

다음 도시로 가려면 장거리 운전을 해야 하기에 짧게 이야기를 나누고 헤어졌다. 나는 바로 5시간 정도 운전을 해서 북가주 지역으로 가서 한 장로님을 그의 사업처에서 만났다. 그리고 그에게 성령님이 주신 말씀을 전했다.

'네 첫사랑을 회복하라. 이것은 마지막 경고이다.'

그는 내가 무엇에 대해 말하는지를 이해했다. 그것은 성령님이 그에게 주시는 확실한 경고였다(나중에 안 사실이지만 그는 도박으로 많은 고통을 받고 있었다. 그는 그 후로 인생을 깨끗하게 정리했고, 그가 섬기던 교회에서 충성스럽게 봉사하고 있다. 할렐루야!).

세 번째로 가야 할 곳은 그곳에서 한 시간 남짓 떨어진 장모님 댁이었다. 나는 오후 늦게 도착하여 초인종을 누르며 "어머니, 저 왔어요"라고 소리쳤다. 안에서 누군가가 "그래, 내가 내려가마"라고 대답했다. 그래서 정문 밖에서 기다렸지만 아무도 나오지 않았다. 좀 이상한 생각이 들었다. 장모님이 뛰어나와서 나를 반갑게 맞아주실 것이라고 생각했기 때문이다.

뒷마당으로 가보니 거실로 통하는 유리문이 열려 있었다. 나는 들어가서 장모님을 부르기 시작했다. 그러나 아무 대답이 없었다. 나는 그곳에 어두운 영들이 있는 것을 느꼈다. 순간 내 머리털이 모두 거꾸로 서는 것 같았다. 나는 예수님의 보혈로 덮는 기도를 드렸다.

내가 간절히 기도를 하는 중에 장모님이 돌아오셨다. 그녀는 나의 갑작스런 방문에 많이 놀라면서도 반겨주셨다. 나는 무슨 일이 있었는지를 말하지 않고, 대신 금식기도하면서 받은 은혜를 나누었다. 대화가 끝날 무렵에 나는 기도로 장모님을 축복해드리고 싶었다. 그런데 내가 손을 얹자마자 아름다운 방언을 말하기 시작하셨다.

"소녀시절부터 방언의 은사를 받기를 원했는데, 이제 하나님께서 내 기도에 응답을 주셨구나!"

장모님이 울면서 간증을 하셨다. 얼마나 아름다운 간증인가! 주님의 말씀과 인도하심에 무조건 순종하면 놀라운 간증을 남는다.

그렇다면 처음 만났던 그 기독교 출판사에서는 어떤 일이 일어났을까? 오랜 시간이 흐른 후, 나는 그 출판사의 신축 건물 봉헌식에 초대를 받았다. 내가 청중 가운데 앉아 있는데, 그 회사의 이사장인 잭 헤이포드 목사가 축사를 했다.

"제가 이번에 새로 건축한 건물의 청사진을 보니까 이전 건물보다 꼭 두 배가 크네요!"

그때 몇 년 전에 주님이 이 회사를 향해 주신 말씀이 생각났다.

'충성하라, 내가 두 배로 성장하게 할 것이다!'

그 말을 했던 나도 기억하지 못할 만큼 오래전의 일이어서 빌 그레그 사장도 우리의 짧은 대화 내용을 완전히 잊어버린 것 같았다. 말을 한 사람과 들은 사람은 잊어도 하나님의 말씀은 결코 땅에 떨어지지 않는다!

나중에 이 사실을 서로 나누고 확인하며 우리의 사이가 더 깊고 친근하게 된 것은 말할 필요도 없다. 빌 그레그 사장은 내가 출판사를 방문하면 사장실 옆에 있는 특별한 방으로 초대한다. 그곳에는 그 출판사의 모든 책들이 도서관의 서고처럼 가득 차 있다. 그리고 그가 내게 말한다.

"목사님, 필요한 모든 책을 마음대로 가져가십시오!"

이것은 어린아이를 사탕가게에 데리고 가서 "먹고 싶은 것을 몽땅 가져가라"라고 하는 것과 비슷하다! 첫 방문 때는 준비를 못했기에 들고 갔던 가방에만 책을 가득 가져왔지만 그 후로는 아예 큼직한 박스를 준비해서 그동안 읽고 싶었지만 구입하지 못했던 책들을 채워서 가지고 온다. 그리고 다 읽은 뒤에 후배들에게 골고루 나누어 준다.

빌 그레그 사장은 출판한 책이 다른 나라에서 번역 출판될 때는 판권료를 선교를 위해 쓰는데, 그 선교 출판의 만찬에 나를 초대해 주어서 참석한 적이 있다. 미국의 수백 명의 저자들과 출판 관계자들이 모인 만찬에서 그의 가족과 같이 귀빈석에 앉게 하고, 바닷가 옆에 있는 자신의 별장에 아무 때나 와서 책도 쓰고 쉬다가 가라고 제안했다. 물론 나는 고맙다고 말은 했지만 한국인의 체면을 지키기 위해서 박스에 책을 담아오는 정도의 신세만 지기로 했다.

이런 친근함은 영적인 체험을 같이했고, 그가 '오 목사님은 하나님의 음성을 듣고 있구나'라고 인정했기에 가능한 것이었다.

05 은사를 주시는 성령님께 듣기

로마서 1장 11절에서 사도 바울은 가보지도 못한 로마의 교회에게 "내가 너희 보기를 간절히 원하는 것은 어떤 신령한 은사를 너희에게 나누어주어 너희를 견고하게 하려 함이니"라고 썼다.

'나누어주어'가 영어로는 'impart'이다. 내가 가지고 있는 은사를 안수를 통해 로마에 있는 예수의 제자들에게 받게 하겠다는 약속의 말이다. 그리고 그 은사를 받은 사람들은 견고하게 된다고 기록하고 있다. 얼마나 신나는 이야기인가! 내가 가지고 있는 은사가 안수를 통해 다른 사람에게 전달된다는 것이다.

얼마 전 강남의 한 교회에서 금요집회를 하고 함께 통성으로 기도할 때 갑자기 참석한 성도들에게 안수기도를 해주고 싶은 마음이 들었다. 120명 정도 모여 간절히 기도하고 있었는데 한정된 시간 때문에 간단하게 안수기도를 했다. 그런데 연세가 꽤 드신 남자 성도가 안수를 받자마자 방언으로 기도하기 시작했다. 순간 자신도 놀랐는지 기뻐하며 눈물을 흘렸다.

그의 옆 사람에게 안수기도를 하려고 움직이는데 그의 감사의 기도 소리가 확실히 들렸다.

"주님, 제가 방언의 은사를 평생 간구했잖아요. 이렇게 응답해주시니 감사합니다."

그가 눈물과 콧물을 흘리며 기뻐하는 모습이 정말 아름다웠다. 그리고 나도 간절히 기도했다.

'주님, 제가 이런 모습들을 평생 보게 하소서.'

성경에는 분명히 성령님이 주시는 은사를 사모하라고 쓰여 있다. 왜냐하면 우리가 성령님의 은사로 삶 속에 많은 열매를 맺기 때문이다. 성령의 은사를 사모하니까 안수를 받을 때 그 은사를 받는 것이다.

나는 오랫동안 이런 '나누어주는' 안수기도를 통해 사역해왔다. 이 사역은 사실 가족과 친구들의 구원에 대한 중보기도를 하다가 시작되었다. 나는 1979년 8월 3일에 예수님을 체험하고 감격하고 감사하여 내가 알고 있는 모든 사람들이 예수님을 만나 구원받게 해달라고 그들의 이름을 성경책 뒷장에 빽빽이 써놓고 간절히 기도했다. 다음 해인 1980년 어느 더운 여름날, 대학 기숙사에 앉아 여러 사람들의 이름을 불러가며 기도하다가 내가 방언으로 기도하고 있다는 것을 깨닫고 기도를 멈췄다. 왜냐하면 그때 다니던 보수적인 교회에서 방언은 마귀한테서 온다고 배웠기 때문이었다.

그러나 다행히 내 옆방의 성령충만한 한국인 형님이 개인적으로 성령의 은사에 대해 가르쳐주며 인도해주었다. 성경 말씀을 통해 방언에 대한 가르침을 받은 후로는 자신 있게 방언으로 내가 사랑하는 이들의 구원을 위한 기도드렸다. 그런데 그 후로 내가 안수를 하면 중보의 은사, 즉 방언의 은사가 나누어졌다.

사도 바울이 로마서에서 "내가 너희들에게 안수하여 성령의 은사를 나누겠다"라고 한 말씀이 내 삶에도 나타나기 시작한 것이다. 대학 시절부터 지금까지 30년 이상 많은 친구들과 교회의 성도들에게 안수하며 성령의 은사를 나누었다. 더 기쁜 것은 내게 안수를 받고 성령의 은사를 받은 성도들도 다른 사람에게 안수기도를 하면 똑같은 역사가 있다는 것이다. 그래서 '나누어지는 것'은 제자들이 더해지는 게 아니라 곱해지듯이 엄청난 숫자로 늘어난다.

성령의 은사는 우리에게 필요할 때 주어진다. 그렇게 임하시는 성령님에 대해 더 깊이 이해하려면 하나님의 이름에 대한 이해가 먼저 필요하다.

히브리어로 된 하나님의 7개의 이름이 그분의 성품을 분명히 밝히고 있다! 하나님께서 모세에게 "나는 스스로 있는 자이니라"(출 3:14)라고 말씀하셨을 때, 그것은 하나님이 '스스로 존재하는 분(I am the becoming One)'이라는 것을 의미한다. 즉 하나님께서 현재 내 필요를 도울 수 있는 분으로 나를 만나주신다는 것이다.

지금 당신은 어떠한 상황에 처해 있는가? 하나님은 당신이 처한 그 상황에 꼭 필요한 성령의 은사를 허락하신다.

예를 들면 '주님, 지금 돈이 필요합니다'와 같은 간청의 기도를 '주님, 당신은 나의 공급자입니다'라며 하나님의 이름을 부르는 기도로 바꾸는 것이다. 그것은 어쩌면 같은 기도로 들릴 수도 있다. 그러나 자세히 보면 완전히 다른 기도이다. 전자는 '현찰'을 구하는 기도이고, 후자는 '공급자'를 찾는 기도이다.

말씀에 근거하여 하나님께 얻을 것을 찾지 말고, 하나님을 찾는 기도를 하라. 하나님의 성품을 나타내는 하나님의 7개의 이름을 잘 이해하고 간구하면, 그분과 깊은 관계를 쌓아가면, 그 이름에 합당한 성령님의 역사를 체험하며 살게 된다.

1. 여호와 이레(Jehovah-Jireh)

그것은 '여호와가 준비(예비)하여 주신다'라는 뜻이다. 아브라함이 하나님의 말씀에 순종하여 모리아산에서 아들 이삭을 제물로 드리려고 했을 때, 하나님께서 그를 멈추게 하시고 숫양 한 마리를 대신 주셨다. 그래서 아브라함은 그 숫양을 잡아 번제로 드린 후, 그 땅의 이름을 '여호와 이레'라고 불렀다(창 22:14). 이 이름을 통해서 하나님께서 우리의 필요를 미리 아시고 준비해주신다는 것을 알게 해주셨다.

당신이 무엇인가를 필요로 하는 상황에 있는가? 어서 여호와 이레이신 하나님의 이름을 부르라. 그리고 주님께 기도하라. 그가 당신의 모든 필요와 소원들을 위해 준비하실 것이다. 그리고 성령님의 역사가 여호와 이레를 당신의 삶에서 나타나게 하실 것이다.

2. 여호와 라파(Jehovah–Rophe)

하나님은 이스라엘 백성들에게 그분이 그들을 '치료하시는 여호와'라는 것을 말씀하셨다(출 15:26). 구약 성경의 하나님은 치료자이시다. 동일하게 예수님도 하나님 아버지의 뜻에 순종하여 그의 몸으로 우리의 연약함을 담당하셨다.

친히 나무에 달려 그 몸으로 우리 죄를 담당하셨으니 이는 우리로 죄에 대하여 죽고 의에 대하여 살게 하려 하심이라 그가 채찍에 맞음으로 너희는 나음을 얻었나니 **벧전 2:24**

우리 하나님은 진정한 치료자이시다. 그러므로 이렇게 기도하라. "여호와 라파이신 하나님, 당신은 제 몸과 마음과 영 그리고 모든 관계의 병까지도 치료하실 수 있습니다!"

3. 여호와 닛시(Jehovah-Nissi)

이 말은 '주는 나의 군기이시다'(출 17:15)라는 의미이다. '주님은 모든 싸움과 내 인생의 모든 대결에서 나의 승리이십니다'라는 것이다. 이스라엘 백성들이 르비딤에 도착했을 때 아말렉 족속의 공격을 받았다. 모세는 여호수아에게 군사들을 데리고 전쟁터에 가게 했고, 자신은 아론과 훌과 함께 산꼭대기에 올라가서 기도했다.

모세의 팔이 해가 지도록 내려오지 않을 때 여호수아와 이스라엘 군인들은 아멜렉과 싸워서 이겼다. 그곳에다 모세는 단을 쌓고 '여호와 닛시'라고 불렀다.

당신이 지금 투쟁하고 있는 갈등은 무엇인가? 그 상황에서 하나님의 이름이신 여호와 닛시를 선포하라. 기도할 때 팔을 들고 그분의 이름이신 여호와 닛시를 부르라. 그분이 당신의 모든 싸움에서 승리하게 하실 것이다.

4. 여호와 삼마(Jehovah-Shammah)

이것은 '하나님은 나와 함께 계시다'라는 의미이다. 하나님이 영원토록 그분의 성전에 계실 것이라는 사실을 함축한다(겔 48:35). 하나님께서는 우리를 떠나지 않으신다. 예수님은 세상 끝날까지 우리와 함께 계실 것을 약속하셨다. 우리에게 이런 약속을 주신 예수님께 "하나님, 당신은 여기에 계십니다! 저는 결코 혼자가 아닙니다"라고 고백해보라. 얼마나 아름다운 고백인가!(마 1:23).

5. 여호와 로이(Jehovah-Rohi)

이 말은 '하나님은 나의 목자이시다'(시 23:1)라는 의미이다. 하나님께서 나를 인도하시고 먹이시며 보호하신다. 우리에게 말씀을 통해 그분이 우리의 목자시라는 것을 계시하셨다. 그분은 진실한 목자로서 우리를 인도하시고 먹이시며 보호하신다.

당신은 그분을 신뢰해야 한다. 그리고 "예수여, 내 주님이여! 당신은 내 목자이십니다. 나는 결코 부족하지 않습니다"라고 선포하라. 그 선포가 신앙고백이 되게 하라.

그분이 오셔서 당신을 친숙한 길, 즉 사랑하는 목자가 그의 양떼를 이끌어가는 길로 인도하실 것이다.

6. 여호와 치드케누(Jehovah-Tsidkenu)

이 말은 '하나님은 나의 의(義)이시다'라는 의미이다.

그의 날에 유다는 구원을 받겠고 이스라엘은 평안히 살 것이며 그의 이름은 여호와 우리의 공의라 일컬음을 받으리라 렘 23:6

하나님은 죄 없으신 예수님이 당신 대신에 죄를 담당하게 하셨고, 그래서 당신으로 그를 통해 의로움을 얻게 하셨다. '하나님, 당신은 예수님 때문에 저를 용납하시고 제 죄를 용서하시는군요'라고 기도하라.

7. 여호와 샬롬(Jehovah- Shalom)

이 말은 '하나님은 우리의 평화이시다'(삿 6:24)라는 의미이다. 기드온이 하나님을 보았을 때, 그는 두려워서 자기가 죽게 될 것이라고 생각했다. 죄인은 하나님을 대면한 후에 살아남을 수 없기 때문이다(출 33:20). 그러나 하나님은 그에게 죽지 않을 것이라는 확신을 주셨다. 그곳에서 기드온은 주님께 단을 쌓고, 그 단의 이름을 '여호와 샬롬'이라고 불렀다. "하나님, 당신은 어떤 상황에서도 평화를 주시는군요"라고 기도하라.

하나님의 이름들이 가진 함축적인 의미를 생각해보라. 하나님의 이름에는 당신이 그분께 찬양과 기도를 드릴 만한 충분한 이유가 담겨 있다. 하나님께서 그분의 이름을 통해 당신과 특별한 언약을 만드시고, 그 이름이 함축하는 바대로 행하시고 역사하실 것이다. 지금 바로 당신이 처한 상황에 하나님의 이름을 적용하고, 당신의 문제 위에 하나님의 이름의 권능이 발휘되도록 하라!

급한 상황을 위해 은사를 주시다

나는 그동안 방문한 선교지에서 많은 기적을 체험했다. 얼마 전에도 미국의 한 선교 단체를 이끌고 계신 한 선교사님과 인도의 힌두교가 시작되었다는 갠지스강 연안의 바라나시에 갔다. 우리는 그곳에 도착하여 그 지역에서 개척교회를 하는 팀들과 함께 교회에 있는 아픈 사람들에게 안수기도를 하기 시작했다.

그런데 내 바로 앞에 쭈그리고 앉아 있던 한 인도인 할머니가 우리의 기도를 받고서 벌떡 일어나서 자기도 놀라고 옆에 있던 마을 사람들도 깜짝 놀라게 했다. 왜냐하면 그녀는 몇 년 동안 앉은뱅이와 같이 일어서질 못했기 때문이었다. 할머니의 이 간증을 통해 그곳의 개척교회가 단단히 세워질 수 있었다.

그런데 그런 기적을 일으키는 성령님의 기름부음이 한국에 있는 강남의 한 교회에서 앉은뱅이를 위한 안수기도를 하면 그 정도의 뜨거움으로 역사하지 않는다. 왜 그럴까? 나는 아주 오래전부터 성령께서 필요에 따라 은사와 기름부음을 다르게 역사하신다는 것을 체험으로 알았다.

1980년 초반, 버클리 대학생 시절에 나는 지역 교회의 상주 관리인으로 봉사하면서 학비를 벌었다. 철학을 공부하면서 목사가 될 훈련을 받았고, 여름방학 동안 '요한복음 특별 훈련'을 받으며 그 말씀을 누군가와 나누기를 원했다.

그러던 중 짐(가명)이라는 형제를 만났다. 그는 미국에 늦게 이민 와서 좋지 않은 친구들과 어울리며 잘못된 길을 걷고 있었다. 그러다가 성경 공부와 소그룹 모임을 통해 그리스도를 영접했다고 했다.

그가 어머니와 관계가 좋지 않아 갈 곳이 없다고 해서 내가 묵고 있는 교회의 작은 방에 머물라고 했다. 교회 교육관에 있는 유년부 교실의 한구석이었다. 샤워 시설도 없고, 1인용 침대 하나만 있었다. 우리는 어떻게든 함께 지내려고 애썼고, 나는 그에게 성경을 가르치며 제자로 삼으려고 노력했다.

그런데 그가 얼마간은 잘하더니 시간이 좀 지나자 본래의 모습으로 돌아갔다. 어느 날은 밤늦게 술에 만취해서 돌아와 방에 있는 내 물건들을 부수고, 깨진 유리 조각으로 자해하다 침대에 쓰러져 잠들었다. 아침에 일어나보니 그의 피가 내 침대에 홍건하게 흘러 있었다. 나는 어처구니가 없었다. 그의 내면에 많은 더러운 영들이 그를 붙잡고 있어서 자신을 다스릴 수 없는 상태였다.

한 달쯤 지난 후 더 심각한 사건이 발생했다. 새벽 두세 시경에 오클랜드 한인 갱단 단원들이 갑자기 들이닥쳐서는 그가 어디에 있는지 말하라며 나를 윽박질렀다. 나는 온종일 못 보았다고 정직하게 대답했다. 그들의 눈에는 누군가를 죽일 듯한 살기가 등등했다.

그들이 말하기를 그가 만취한 채로 집에 들어가 그의 어머니를 심하게 폭행했다는 것이었다. 어머니는 바로 병원에 입원했고, 경찰이 누구에게 폭행을 당했는지 묻자 아들을 보호하기 위해 말하지 않았다고 한다. 그러나 갱단이 이 사실을 알게 되었고, 그를 죽이려고 한다고 했다. 그들은 "우리 조직에는 명예율(Honor Code)이 있다. 그런 양아치 같은 놈을 살려둘 수 없다"라고 말했다.

이야기를 듣고보니 내가 먼저 그를 찾아야겠다는 생각이 들었다. 죽음과 삶의 경주가 시작된 것이다. 나는 그 갱단의 전 두목이었던 사람에게 전화를 했다. 그는 30대 후반이었고, 얼마 전에 예수님을 만나 뜨거운 신앙생활을 하고 있었다. 나는 그에게 제발 짐을 먼저 찾아달라고 애원했다.

몇 시간이 지나지 않아 우리는 다른 도시의 한 식당에서 그를 찾아냈다. 그를 먼저 찾아서 안심은 되었지만, 그다음은 어떻게 해야 하는지 미처 준비하지 못한 상태였다.

여전히 짐의 내면은 더러운 영들이 완전히 장악하고 있었다. 내가 그에게 회개하고 어머니에게 가서 용서를 빌라고 했더니 그가 악으로 가득 찬 눈을 번뜩이며 소리쳤다.

"그 노인네는 죽어야 돼!"

내가 할 수 있는 일은 그를 주님의 십자가 밑으로 데리고 가는 것밖에 없었다. 몸집이 거대하고 힘이 장사인 전 두목과 나는 무작정 짐을 교회로 데리고 갔다. 나는 본당 안으로 갱 단원들이 못 들어오도록 안에서 문을 잠그고, 그를 십자가 밑에 앉게 했다. 그는 계속 저항했다. 내가 말했다.

"짐, 나는 이제부터 너를 위한 중보기도를 시작한다. 너는 그리스도 안에서 내 형제이기에 네 어머니는 내 어머니와 같아. 네가 어머니에게 한 짓은 내 어머니에게 한 것과 다름없어. 그래서 네 옆에 앉아서 네가 회개하도록 중보기도를 할 테니 제발 나와 함께 기도하자!"

나는 그리스도 안에서 구원을 필요로 하는 친구이자 형제를 위해 필사적인 중보기도를 하기 시작했다. 그렇게 본당의 십자가 밑에서 아주 긴 영적 전쟁이 시작되었다. 짐은 계속 나를 비웃으면서 자기 어머니에 대한 외설스러운 욕을 반복했다. 나는 전혀 신경을 쓰지 않고, 그가 회개하도록 중보기도를 계속했다. 그런데 잠시 후 고요해지더니 그가 "악!" 하며 외마디 비명을 질렀다.

"석환아, 어서 와서 내 팔을 잡고 기도해줘. 아, 내 팔!"

그는 카펫 위에서 데굴데굴 구르며 소리쳤다. 내가 왜 그러냐고 묻자 그가 울면서 말했다.

"네가 나를 위해 기도하기 시작하자 손가락 끝에서부터 시작해서 팔꿈치로 통증이 퍼지기 시작했어."

내가 그의 손을 만져보니 정말 얼음같이 차가웠다. 그는 거의 죽을 듯이 엄청난 통증을 느끼고 있었다. 그는 손끝에서부터 죽어가고 있는 듯했다. 나는 하나님께서 직접 채찍을 드신 것을 느꼈다. 어머니를 때린 그의 손에 벌을 내리고 계셨던 것이다. 순간 그가 고함을 치기 시작했다.

"제발, 나를 위해 기도해줘!"

그런데 성령님이 말씀하셨다.

'잠시만 기다려라, 조급하게 대처하지 말라!'

성령께서 그를 다루기 시작하셨다. 나는 단도직입적으로 하고 싶은 말을 다했다.

"짐, 이제는 회개할 준비되었냐?"

"알았어, 회개할게!"

그가 소리쳤다. 하지만 나는 만족스럽게 느껴지지 않았다. 내가 그에게 다시 말했다.

"당장 아프니까 그렇게 말하지 말고 마음속 깊은 곳에서 진심으로 대답해!"

그때 나는 정말 놀랍고도 재미있는 것을 경험했다. 그가 진정으로 회개하며 어머니에게 돌아가서 그녀를 사랑하고, 남은 인생을 돌봐드리겠다는 약속을 하는 것이었다. 그가 하나님 앞에 회개하며 약속하는 것을 지켜본 후에 나는 그의 두 손을 잡고 중보기도했다.

"주님, 이 정도면 되겠네요. 고쳐주세요!"

그런데 놀라운 일이 일어났다. 내 기도가 끝나자 그의 팔이 고침을 받았다. 정말 성령님의 역사는 한 편의 드라마 같은 간증을 남긴다. 나는 사도행전 5장에 나오는 사건을 이런 체험을 통해 확실하게 믿게 되었다. 성령께 거짓을 말하며 사람들 앞에서 인정받으려 했던 아나니아와 삽비라 부부가 어떻게 사도 베드로 앞에서 죽어 갔는지 상상할 수 있다.

하나님의 역사를 직접 체험하면 그분을 두렵고 떨리는 마음으로 섬기게 된다. 하지만 그분은 공포의 대상이 아니시다. 진정한 의미에서 정말 위대하고 우리와는 전혀 다른 하나님에 대한 '건강한 두려움'이 생긴다.

물론 짐은 약속을 지켰다. 그는 회개하고 집으로 돌아가 어머니께 사죄하고 모셨다. 몇 년이 지난 1984년 1월 21일, 나는 버클리대학교에서 만난 아름다운 자매와 결혼하기 위해 결혼식장의 중앙 복도를 따라 내려가고 있었고, 가장 친한 사람이 내 뒤를 따라오고 있었다.

그는 그리스도 안에서 치유받고 새 생명을 얻어 예수님의 참 제자가 된 짐이었다. 그가 내 베스트맨(신랑의 들러리들 중 가장 친한 친구)이 되어 내 결혼의 첫 축복자가 되어주었다!

필요에 따라 다른 은사를 주시다

성령님은 상황과 필요에 따라 순간순간 특별한 은사들을 주신다. 한번은 엘바커키시에서 미국교회 집회를 한 후에 이민교회로 집회하기 위해 갔다. 아주 보수적인 교단의 교회였는데 집회 때 전 교인 25명 정도가 모여 예배를 드렸다. 집회가 끝난 후 마음속에 '이 교회 담임목사에게 안수를 해야 된다'라는 생각이 떠올랐는데 나는 도저히 순종할 수가 없었다.

목사님의 연세도 나보다 훨씬 많았고, 그 교회가 성령 사역에 익숙하지 않은 매우 보수적인 교회였기 때문이었다. 그래서 주저하고 있으니 성령께서 '그러면 기도받을 사람들은 앞으로 나오라고만 하라'라고 하셨다. 그런데 내가 말하자마자 뒤쪽에 앉아 계시던 담임목사님이 앞으로 뛰어나와 안수기도를 받으셨고, 방언기도도 크게 하셨다. 그리고 사모님도 목사님의 손을 붙잡고 같이 방언으로 기도하시는 게 아닌가!

상황이 이렇게 되자 전 교인이 앞으로 나와 무릎을 꿇고 기도를 받았다. 많은 성령의 은사가 나누어졌다. 담임목사님이 나중에 간증하기를, 어렸을 때 한국에서 여의도순복음교회에 다녔고, 방언기도도 했다고 하셨다.

그런데 오랜 사역 기간 동안 잘못된 교육을 받고 포기하여 은사를 잊어버렸다고 했다. 그런데 내 안수를 받으며 다시 새 방언을 받게 되어 감사하다며 고마워했고, 그다음 해에도 부흥회에 나를 불러주었다. 그때는 집회를 마치고 아주 자연스럽게 온 성도를 안수해 주었다. 그 후에 한 자매의 간증이 놀라웠다.

"목사님, 작년 집회 때 제게 안수하시면서 신유의 은사를 받으라고 하셔서 믿음으로 받았습니다!"

그녀의 얼굴은 성령충만하여 기쁨이 넘쳐 보였다.

"그래서 어떻게 하셨어요?"

그녀가 나를 이상하다는 듯이 바라보며 말했다.

"뭐를 어떻게 해요? 신유의 은사를 받았다고 하니까 다음날부터 병원에 가서 환자들을 위해 기도하고 많은 사람을 퇴원시켰죠!"

그녀는 기도를 해준 사람보다도 더 놀라운 믿음의 소유자였다. 사실 나도 오랫동안 신유의 은사를 주님께 구했는데 내겐 오지 않고, 오히려 내가 안수해준 그 자매에게 임했다. 그런데 그녀의 다음의 간증이 더 놀라웠다.

"저는 지난 일 년 동안 정말 바쁜 생활을 했습니다. 아픈 성도들에게서 시도 때도 없이 전화가 걸려와 탈진이 되어서 이번에는 중보의 방언기도를 간구했습니다. 그런데 오늘 목사님이 안수하시면서 새 방언을 받으라고 할 때 처음으로 방언기도를 하게 되어 정말 감사합니다!"

성령님은 정말 필요에 따라 그에 맞는 은사를 주신다. 내 오랜 기간의 사역을 통해 52개국에서 수천 명의 성도들이 방언의 은사를 받아 중보의 사역을 감당하고 있다.

2014년에 5월에 폴란드의 엘블롱시에서 집회를 인도할 때였다. 주일예배를 인도하고 광고를 하던 엘렉스 목사님이 갑자기 나를 쳐다보며 말했다.

"목사님, 3일 집회와 주일예배까지 여덟 번이나 설교를 해주셨는데 한 번도 안수기도를 안 해주셨네요. 실례가 안 된다면 기도해주세요."

그래서 많은 성도들이 앞에 나와 기도를 받았다. 젊은이들과 어른들, 여자와 남자 상관없이 새로운 중보의 은사를 받아 방언으로 기도하기 시작했다. 내 통역관도 안수기도가 끝나려고 하니까 재빠르게 와서 안수를 받으며 성령충만함을 받고 새 방언으로 기도하기 시작했다.

그중 몇 명은 한 나라를 품고 그 나라를 책임지는 중보를 하게 하는 '나라를 향한 중보의 사명'을 받았다. 폴란드에서의 3일 간의 집회를 얼마나 멋지게 마무리해주셨는지, 정말 멋쟁이 하나님이시다. 할렐루야!

전 세계를 다니며 부흥 집회를 할 때마다 한국의 영성을 배우고 싶다는 많은 목회자들을 만난다. 한편으로 감사하고 다른 한편으로는 걱정이 된다. 대체 무엇을 가르칠 것인가? 폴란드 집회의 마지막 날, 그들은 한국 CCM(대중음악 형식의 기독교 음악)을 폴란드어로 찬양하면서 그것이 한국 찬양인 줄도 몰랐다.

"이 찬양이 한국 찬양이에요?"

오히려 그들이 내게 되물었다. 어쩌면 이제부터는 '한국 찬양', '한국 영성'이라고 하지 말고 '좋은 찬양', '좋은 영성'이라고 가르치고 훈련해야 될지도 모르겠다.

남아공 집회에 은사를 주시다

2013년 1월 12일에 남아프리카공화국의 제롬 나이두 목사가 내게 이메일을 주었다. 전교인 금식기도 훈련을 하기 위해 준비하다가 잠이 들었는데 비몽사몽 중에 갑자기 인터넷을 검색해봐야 한다는 생각이 들었다고 한다. 그리고 내가 쓴 《기도로 이끄는 삶》이 그가 속해 있는 남아공 교단의 추천 도서로 올려져 있는 것을 발견했다고 한다. 사실 나는 오래전에 그 책을 출간한 뒤 주님이 저작권을 포기하고 내 홈페이지에 올려놓으라고 하셔서 순종했다.

남아공은 영어를 쓰는 나라여서 번역을 할 필요도 없이 500여 명의 교인이 그 책을 교재로 21일 금식기도를 했다고 한다. 그러고는 내게 이런 요구를 했다.

"목사님의 홈페이지를 보니까 이번에 요하네스버그에서 집회를 하시네요. 그곳에서 집회를 마치신 후에 저희 교회에서 3일간 집회를 해주세요!"

그래서 나는 남아공에서 있었던 한인디아스포라대회의 강의를 마치고, 그날 오후 비행기로 더반으로 이동했다. 그곳은 한국으로 치면 해운대 정도 되는 해양 휴양 도시였다. 공항에는 멋진 제롬 목사가 흰 양복을 입고 나타났다. 솔직히 나는 흑인 목사님을 기다렸는데 인도인이었다. 그가 설명하기를 인도 사람들이 남아공에 150년 동안 살고 있다고 했다.

첫눈에 마음이 통했고, 아주 오랫동안 사귀었던 친구처럼 부담 없이 서로 간증을 나누고, 금요일 밤 집회를 인도했다. 그는 집회 후에 밤이 늦었는데도 나를 그의 집에 초대해 만찬을 대접하며 온 가족의 안수기도를 부탁했다.

제롬 목사와 케이트 사모는 목회한 지 25년이 되었는데, 더반에 교회를 개척하고 20개월 만에 성도수가 500명인 교회가 되었다며 성령님의 인도하심에 대한 간증을 폭포수처럼 쏟아냈다.

그리고 남아공에서는 토요일에 일을 해서 특별히 토요일 아침에 집회를 준비했다고 말했다. 내가 의아해서 왜 그렇게 했느냐고 물었더니 그가 대답했다.

"주님의 일을 위해 자신의 일을 포기할 수 있는 소수의 일꾼을 찾고 싶습니다!"

개척한 지 채 2년이 안 되었기에 교인들의 리더십 수준이 어느 정도인지 알고 싶다며, 토요일 집회에는 70여 명쯤 나올 거라고 내게 말했다. 그래서 나는 집회에 나온 모든 성도들에게 안수기도를 해주겠다고 약속을 했다.

그런데 다음 날인 토요일 아침예배에 300여 명이나 참석했다! 특별히 전 교인을 위한 안수기도를 하겠다고 약속을 해서 말씀을 짧게 증거한 뒤에 열심히 기도를 하는데 도대체 줄이 끝나질 않았다. 기도 중에 자세히 보니 교회가 쇼핑몰 가운데 있어서 많은 사람들이 쇼핑을 하다가 어떤 동양인 목사가 기도를 해준다는 소식을 듣고 모두 들어와 줄을 서서 안수를 받았던 것이다. 교인 수도 만만치 않았는데 쇼핑하던 아프리카 형제자매들까지 긴 줄을 서서 기도를 받아서 다 마치는데 몇 시간이 걸렸다.

인상 깊었던 사건은 쇼핑백을 들고 안수를 받던 한 자매가 방언기도를 받고 쓰러졌는데, 쇼핑백을 하도 꼭 붙들고 있어서 내가 손을 풀어주며 말했다.

"자매님, 가방 안의 반찬거리를 가져갈 사람이 아무도 없으니까 중보기도에 집중해서 열심히 해요!"

사도행전 19장에 사도 바울이 에베소 지역에 가서 성령이 계심도 듣지 못했다고 하는 제자들에게 안수하매 '성령이 그들에게 임하시므로 방언도 하고…'(6절)라는 것을 그들이 체험했다. 할렐루야!

우리 주님은 유머 만점이시다. 그 자매님은 자녀들과 손자손녀들에게 평생 간증할 것이다. 반찬거리를 사러 쇼핑을 갔다가 목사처럼 보이지 않는 동양인 목사에게 안수를 받고 방언을 받았다고!

그날 내 몸은 정말 천근만근이었지만 꼭 필요한 은사를 수많은 주님의 자녀들에게 골고루 나누어주시는 성령님의 사역에 동참할 수 있음에 그저 감사할 뿐이었다.

06 중보하게 하시는 성령님께 듣기

성령님은 왜 우리에게 중보기도를 하게 하시는가? 당신이 그리스도의 대사이기 때문이다. 당신이 영향력을 미치는 교제 범위 안에서 당신은 예수 그리스도를 대표한다. 다른 사람이 당신을 대신할 수 없다. 유명한 목사가 당신을 대신할 수도 없다. 아무도 당신을 대신할 수 없다.

당신이 영향을 미치는 교제권은 당신을 중심으로 이루어져 있다. 하나님은 당신을 그곳에 보내서서 예수님을 대표하도록 하셨다. 그래서 당신은 그들에게 작은 예수가 되어야 한다. 하나님께서 다음과 같이 말씀하시는 것을 들으라.

그러므로 우리가 그리스도를 대신하여 사신이 되어 하나님이 우리를 통하여 너희를 권면하시는 것같이 그리스도를 대신하여 간청하노니 너희는 하나님과 화목하라 고후 5:20

그리스도인이 된다는 것은 특권이기도 하지만 책임이 수반된다. 당신은 어디를 가든지 간에 그리스도의 대사이며, 하나님나라를 대표하는 대사로서의 책임이 있다. 그리고 그 책임 중 가장 기본적이고 중요한 것이 그 나라를 위한 중보기도이다.

한 나라를 품고 중보하게 하시다

1997년 어느 날, 나는 큐티를 마치고 주님으로부터 아주 분명한 말씀을 받았다. 그것은 '캄보디아'였다.

'주님, 왜 캄보디아입니까?'

나는 이의를 제기했다. 당시 나는 이 나라가 어디에 있는지조차 알지 못했다. 그러나 캄보디아에 대한 부담은 내 마음속에 커져만 갔다. 그래서 매일 그 나라를 품고 중보기도를 했다. 그 후 성령님의 인도하심으로 LA 지역의 정부 공공주택 단지에 사는 캄보디아 난민들을 찾아보게 되었고, 그 지역에 '푸에블로 오이카스'라는 교회를 백인 부목사 부부와 함께 개척했다.

그렇게 하나님께서 미국에 있는 캄보디아인 2세를 돌보는 게 내게 원하시는 전부라고 생각했다. 그러나 하나님은 캄보디아에 대해 훨씬 더 많은 것을 원하셨다. 몇 년 뒤에 캄보디아에 있는 한 선교 단체를 통해 캄퐁참 지역의 '품 트룽'이라는 나환자들이 사는 마을의 교회에서 설교를 하게 되었다. 그 마을은 수백 년 이상 그 지역에 있었다고 한다.

어린이들은 건강하게 태어나지만 장기간 한센병에 노출된 탓에 성장하면서 나환자가 되어간다. 그것은 여러 세대에 걸친 저주라고 말할 수 있다. 설교를 마친 후에 그 지역 선교사들이 작은 상처를 입은 어린이들을 치료해주며 간단한 약을 복용하게 했다.

한 작은 어린 소녀가 무릎을 깊이 베인 상처 때문에 치료를 받으러 왔다. 선교사들이 소녀에게 사탕을 주자 그것을 힘껏 움켜쥐고 다음에 일어날 일에 대해 마음의 준비를 단단히 하는 듯했다.

그곳에는 특별한 약이 없었다. 그래서 그들이 하는 일이라곤 병원균을 죽이기 위해 상처 부위에 소독약을 발라주는 것뿐이었다. 하지만 어린 소녀는 알지 못했다. 그들이 그녀를 죽일지도 모른다고 생각할 수도 있다. 소녀는 비명을 지르며 울면서도 손에 사탕을 꼭 움켜쥐고 있었다. 그것은 그녀가 큰 고통을 잘 참은 대가로 주어진 상이었다.

내가 더 놀랍고 당황한 것은 선교사와 그녀의 어머니가 어린아이의 비명 소리를 듣고 아주 기뻐한다는 사실이었다. 나는 생각했다.

'이 사람들이 뭔가 잘못되었나? 아주 잔인한 사람들이군.'

그렇지만 그 생각이 금방 바뀌었다. 다음 환자는 어린 소년이었다. 그도 무릎 위에 동일하게 베인 상처가 있었다. 신발을 신지 않고 정글을 온종일 뛰어다니는 어린 소년들에게는 흔히 있는 일이었다.

이 용감한 소년도 사탕을 움켜쥐고 소독약을 바를 준비를 하고 있었다. 나는 큰 비명 소리가 날 거라고 생각하고 마음 준비를 단단히 했다. 그런데 상처에 알코올이 부어졌는데도 아이는 아무런 반응을 보이지 않았다. 그저 미소를 지으면서 사탕만 바라보고 있었다. '아주 용감한 소년이네'라고 나는 생각했다. 그렇지만 곧 놀라운 사실이 내 머리를 스쳤다.

'아! 이 소년은 나환자이다.'

그는 이미 그 병에 걸린 것이었다. 어린 소년이 아무런 통증도 느끼지 않은 이유는 아버지의 질병을 그도 가졌기 때문이었다. 나는 교회 밖으로 나가 큰 야자수 나무 아래에서 하염없이 울었다.

'하나님, 불공평합니다. 이 아이의 미래는 어떻게 되는 것입니까? 풍족한 미국교회라도 이 문제에 대해 무슨 일을 할 수 있겠습니까?'

나는 그렇게 불평하며 소년을 위해 중보기도를 했다. 그러자 성령님이 말씀하셨다.

'왜 이 마을에서 나병을 영원히 소멸하려 하지 않느냐?'

그날 하나님께서 나와 우리 교회에게 '울프'(WOLP, War on Leprosy & Poverty)라는 '나병과 빈곤과의 전쟁' 프로젝트를 주셨다. 우리는 어린이들을 따로 모아서 식사를 제공하는 학교를 건축하기 위해 20에이커(약 25,000평)의 대지를 구입해야 했다. 또한 나환자 가족들의 소득을 증대시키고 영양 섭취를 위해 닭을 제공하기로 했다. 이 모든 계획에는 자금이 필요했고, 우리는 거의 30만 달러(약 3억 5,000만 원)의 헌금을 모금해야만 했다.

내가 미국에 돌아왔을 때 하나님은 이미 예비된 평화의 사람(a man of peace)을 만나게 하셨다. 그는 그리스도인 기업가이며 다른 교회의 경건한 장로님이었다. 함께 점심 식사를 한 후에 그는 하나님께서 자신의 자금으로 이 사업을 도우라는 확신을 주셨다고 나누었다. 그는 그 자리에서 10만 달러를 약속해주었다. 처음 씨앗으로 드려진 그 헌금에 오이카스교회의 2세 성도들이 희생적으로 헌금한 것까지 포함하여 사업 계획에 필요한 모든 재정이 채워졌다.

학교의 이름은 '밝은 미래학교'(Bright Future School)로 정해졌다. 그것은 내가 전에 '이 어린 꼬마에게 어떤 미래가 있겠습니까'라고 하나님께 불평을 했던 것에 대한 응답이었다. 그리스도 안에서 그들에게 밝은 미래가 있다고 나는 정말 확신한다.

하나님 왕국의 제사장으로 중보하게 하시다

하나님은 당신과 당신의 자녀 세대를 선택해서 왕 같은 제사장이 되게 하셨다. 성경은 이렇게 말한다.

> 너희는 택하신 족속이요 왕 같은 제사장들이요 거룩한 나라요 그의 소유가 된 백성이니 이는 너희를 어두운 데서 불러 내어 그의 기이한 빛에 들어가게 하신 이의 아름다운 덕을 선포하게 하려 하심이라
>
> 벧전 2:9

성막에서 희생예배의 전 과정, 즉 동물의 피를 흘리게 하고, 그것을 지성소로 가져가며, 자비의 자리(mercy seat)에서 그 피를 뿌리는 것을 한마디로 '중보'라고 할 수 있다. 그것은 제사장의 역할이다. 그러므로 그와 같은 중보는 그리스도인인 당신의 역할이기도 하다.

구원을 위해 중보하게 하시다

당신의 가족 중에서 누가 가장 먼저 구원받았는가? 성경은 "너와 네 온 집이 구원받을"(행 11:14) 것이라고 말한다. 나는 이 말씀을 내 인생의 거의 모든 시간 동안에 고백해왔고, 그 결실을 거둬들였다. 내 선친은 수십 년의 중보기도 후에야 비로소 돌아가시기 1개월 전

에 예수님을 영접하셨다. 가족 중에서는 어머니가 예수님을 제일 먼저 영접하셨고, 지금은 매일 새벽기도회에 참석해서 눈물로 간구하는 기도의 용사가 되셨다.

큰누이 낸시는 몽골에 선교사로 나갔다. 내가 16년 동안이나 기도했던 둘째 누이 소미는 주님을 뵙고 믿는 간증을 남겼고, 암과 투병하며 그리스도를 친밀하게 체험한 셋째 누이는 암에서 완쾌된 후 열심히 주를 섬기고 있다. 마지막으로 내가 23년 동안 기도해왔던 형님은 '아버지학교'에서 회심하고 주님을 섬기고 있다. "너와 네 집이 구원을 받으리라", 하나님의 이 말씀은 진리이다.

큰누이는 미국교회에 출석은 했지만 매우 보수적인 신앙생활에 익숙해 있었다. 나는 누이가 자신의 허울을 벗어버리고 좀 더 이타적인 사람이 되도록 기도했다. 그녀는 다른 도시에 살고 있었는데 어느 주일에 우리 교회를 방문했다. 나는 예배 시간에 그녀를 보게 되어 기뻤다. 하지만 그녀는 5남매 중에서 장녀였고, 나는 막내였기 때문에 현격한 세대 차이와 문화적인 간극이 있었다.

예배를 드린 후에 청중들을 위해서 축도를 하고, 성도들과 인사를 나누기 위해 뒤로 걸어가고 있었다. 내가 누이의 옆을 지날 때 성령께서 말씀하셨다.

'지금 네 누이에게 가서 안수하고 기도를 하라.'

나는 당황하여 주님께 말씀드렸다.

'그렇지만 주님, 그녀는 제 큰누나입니다. 저는 그녀에게 안수기도를 할 수가 없습니다. 그것은 말도 안 되는 이야기입니다.'

나는 잠시 동안 갈등을 해야만 했다. 그러나 순종하여 누이에게 걸어가서 물었다.

"누나, 내가 안수하고 기도해도 될까?"

그녀는 기다렸다는 듯이 "오케이(OK)"라고 대답했다(바로 그 후에 일어난 일들이 그녀의 인생과 내 인생을 크게 변화시켰다). 내 손이 누이의 이마에 닿자마자 그녀는 하나님의 권능에 압도되어 쓰러졌고, 갑자기 아주 큰 소리로 방언을 말하기 시작했다. 그리고 즉시 엄청난 중보기도를 하는 게 아닌가!

성령님에 대한 그녀의 편견은 그날로 바뀌었고, 세계관 역시 완전히 바뀌었다. 누이는 그 후에도 성령님이 자신을 강력한 방식으로 만지시는 것을 여러 차례 경험했다.

몇 년 후, 그녀는 하나님이 자기 마음에 몽골을 품게 하셨다고 말했다. 그리고 오랜 훈련을 받은 후에 몽골에 선교사로 갔다. 지금은 몽골의 청년들이 구원을 받아 실크로드의 선교사들로 파송되는 것을 보기 위해 전적으로 헌신하고 있다.

우리는 가족과 친구와 친척들이 구원을 받게 해달라고 간절히 매달리며 중보기도를 해야 한다.

구원 중보를 위한 방언기도를 하게 하시다

구원을 위한 중보기도 제목들을 기도 노트나 성경책의 안쪽에 적어 기도 목록으로 보관하라. 휴대하기 편하고, 어디서든 쉽게 볼 수 있게 하라. 안 보면 마음에서 멀어지기 마련이다. 나는 기도 제목에 번호를 매겨서 언제든지 하나님이 응답하셨는지를 살펴본다. 그것은 내 삶을 아주 흥미진진하게 만든다. 기다리지 말고 곧 시도해보라. 당장 성경책의 뒤쪽 빈칸에 주님을 실존적으로 만나야 될 모든 사람들의 이름을 적고, 성경을 읽을 때마다 매일 이름을 불러가며 기도해보라. 주님이 확실히 응답해주신다.

1979년에 예수 그리스도를 만나고 난 후 나는 내가 아는 사람들의 이름을 모두 적은 조그만 종이를 성경책 뒤에 붙여서 갖고 다녔다. 거기에는 수백 명의 이름이 기록되어 있었다. 그러나 지금은 그 명부가 없다. 그 목록에 있던 모든 사람들이 거듭난 그리스도인이 되었기 때문이다. 할렐루야!

재림하신 예수님께서 도마에게 나타나셔서 말씀하셨다.

네 손가락을 이리 내밀어 내 손을 보고 네 손을 내밀어 내 옆구리에 넣어보라 그리하여 믿음 없는 자가 되지 말고 믿는 자가 되라 요 20:27

여전히 똑똑해서 자기의 머리를 믿는 사람들에게는 도마에게 나타나신 것같이 당신을 보여주시며 물어보신다.

'너는 보고도 안 믿을 거야?'

내 둘째 누이가 이런 체험을 했다. 나는 15년 이상 그녀를 위해 기도해왔다. 그녀는 아주 영리했고, 성공한 검안사(檢眼士)였다. 그렇지만 그리스도인이 아니었다. 내가 그녀의 이름을 부르며 오랫동안 기도할 때, 그녀의 인생은 말 그대로 만사형통이었기에 예수님을 믿기 어렵다는 것을 깨달았다. 그래서 누이를 위해 더욱 간절히 중보기도를 할 수밖에 없었다.

나는 기도 노트에 그녀를 위한 기도를 적고 번호를 붙여두었다. 언제든지 다시 찾아볼 수 있도록 하기 위해서였다. 그달에 누이가 내게 전화를 했다. 그녀의 목소리를 들을 때, 나는 그녀가 거듭난 그리스도인이 되었다는 것을 알았다. 그전과 달리 어떤 심원한 차이가 있었다. 그녀가 자신의 간증을 아주 자세히 내게 말해주었다.

그녀는 몇몇 이유들로 자기 인생의 모든 것들이 잘못되기 시작했다고 말했다. 결혼생활이 평탄하지 않았고, 안경점 사무원이 검안실에서 많은 돈을 가지고 도망쳤다. 그래서 그녀는 심각한 신경쇠약에 걸렸다.

어느 날 아침, 아들을 학교에 데려다주고 나서 그녀가 큰 집에서 홀로 샤워를 하고 있을 때였다. 현관문이 열리는 소리가 들렸다. 순간 그녀의 심장이 멎을 것 같았다.

'누가 있는 거지?'

수돗물을 잠그자 정적이 감돌았다. 그녀는 다시 샤워를 계속했다. 얼마 후 그녀는 침실이 있는 2층으로 누군가가 올라오는 소리가 들렸다. 순간 아주 무서운 생각이 들었다. 그러나 또다시 한동안 아무 소리도 나지 않았다. 잠시 후 화장실 문이 열리는 소리가 나자 그녀가 샤워실 문을 박차고 나가면서 "누구야"라고 소리를 질렀다.

무슨 일이 있었는지 상상해보라. 바로 그녀의 눈앞에 예수님이 서 계셨다. 그녀는 놀라 기절해서 몇 시간 동안이나 그대로 누워 있었다. 의식을 되찾았을 때는 시간이 제법 흘렀는지 몸의 물기가 완전히 말라 있었다. 하지만 그녀는 하나님을 향한 마음이 다시 강퍅해져 스스로에게 이렇게 말했다.

'내가 개인적인 어려움을 겪고 있기 때문에 헛것을 본 것임에 틀림없어.'

그녀는 샤워 가운을 입고 침실로 들어갔다. 그런데 예수님이 침대 곁에 아무 말 없이 앉아 계셨다. 그녀가 그분의 눈을 보자 '너는 나를 보고도 믿지 않는구나'라고 말씀하셨다. 그녀는 침대 곁에 주저앉으며 하나님께 울부짖었다.

"믿습니다. 예수님, 당신은 정말 계시군요."

그렇게 그녀는 살아 계신 예수님을 체험했다. 할렐루야! 누이의 간증을 들으며 나는 정말 기뻤다. 그리고 그달에 내가 그녀를 위해서 어떻게 기도했는지 보기 위해 기도 노트를 폈다. 내가 적어둔 기도의 내용은 이렇다.

'주님, 당신 앞에 그녀가 벌거벗고 서기를(stand before you naked) 기도드립니다!'

내 기도문의 단어 하나도 틀리지 않게 그대로 응답해주셨다. 하나님은 정말 유머가 넘치는 분이시다.

불교 이단의 리더였던 아버지를 구원하시다

누가복음 23장에 보면 십자가에 예수님과 같이 달려 죽으면서도 예수님이 자기를 구원해줄 수 있다고 믿었던 엄청난 믿음의 소유자가 나온다.

옆에 있던 다른 십자가에 달린 행악자가 예수님을 비방하여 말하기를 "네가 그리스도가 아니냐 너와 우리를 구원하라"(39절) 하니, 다른 행악자가 오히려 그를 꾸짖으며 "네가 동일한 정죄를 받고서도 하나님을 두려워하지 아니하느냐 우리는 우리가 행한 일에 상당한 보응을 받는 것이니 이에 당연하거니와 이 사람이 행한 것은 옳지 않은 것이 없느니라"(40,41절)라고 자신의 죄를 인정하고 예수께 자기를 하늘 나라에서 기억해달라고 간청한다.

그리고 예수님으로부터 동일한 날에 낙원에 들어갈 것을 약속받는다. 놀라운 장면이다. 죄인이 자기의 죗값으로 진 십자가에서 처벌받는 마지막 순간에 개인적인 회개를 통해 구원받는 장면은 구원을 위한 중보를 하는 모든 중보자들에게 희망을 준다.

우리는 구원에 대한 중보기도를 끊임없이 인내하며 계속해야 한다. 기도를 해도 오랫동안 응답을 못 받으면 때로는 낙담할 수도 있고, 차라리 모든 것을 잊어버렸으면 좋겠다고 바랄 수도 있다. 그럴 때일수록 믿음을 꼭 붙잡고 내게 불일 듯 일어나는 의심을 냉철하게 차버려야 한다. 양철 냄비처럼 가볍지 않게 뚝배기 같은 묵묵한 인내심을 가지고 끈질기게 기도하라!

나는 20년 이상 아버지의 구원을 위해 기도했다. 내가 거듭난 그리스도인이 되었을 때 아버지는 교회를 떠나 일본 불교의 이단인 남묘호렌게쿄에 가입하셨다. 그리고 종교적인 가르침 때문에 가족을 부양하지 않고 떠났다. 오랜 시간이 지난 후에는 그 단체의 꽤 높은 지도자가 되었다. 거의 7년 동안 우리는 아버지가 어디에 있는지 알지 못했다.

마침내 우리 가족은 그가 남묘호렌게쿄의 일본인 여신자와 함께 미국의 어느 시골에서 그들의 신앙을 지키며 살고 있다는 것을 알았다. 나는 아버지를 만날 때마다 복음을 나누었지만 그는 거절했다.

아버지 날(Father's Day, 보통 6월 셋째 주일)이 되면 성경을 구입해서 보내드리곤 했는데 아버지는 소포를 뜯어보지도 않고 내게 돌려보내셨다. 성경과 내가 정성스럽게 쓴 편지와 흰 봉투에 넣은 현찰도 그대로 돌아왔다.

또한 암 말기 판정을 받고 유서를 쓰면서도 다섯 명의 자녀들의 이름 중 막내인 나와 내 가족은 제외하셨다. 아버지는 내가 기독교 목사가 되었다는 것을 아주 언짢게 생각하셔서 우리 가족을 조금도 염두에 두지 않으셨고, 그 과정에서 우리에게 더 큰 고통을 안겨주셨다. 가끔 술에 취해서 지인들에게 나를 "이 개새끼가 목사요"라고 소개하기도 했다.

아버지는 영등포에서 피부비뇨기과 의사로 그리고 의사협의회 총무로 많은 일을 하셨고, 의학계에 박사논문을 두 개나 발표하신 엘리트셨다. 1970년 초에 박정희 독재 정권에 대한 글을 쓰고 미국으로 도피 이민을 온 후 남가주 지역에 도산 안창호 선생이 시작한 신문사인 〈공립신보〉에서 주필로 오랫동안 글을 쓰셨다. 그렇게 사회적으로도 꽤 괜찮은 위치에 있었지만, 불교 이단에 빠지니 곧 초라하고 불쌍해지셨다. 암 말기의 아버지를 바라보면 아무 희망이 없어 보였다. 그가 마음을 완전히 닫아버렸기 때문이었다. 당시 나는 신학적으로 매우 혼란스러웠다.

'정말 아버지는 구원을 못 받도록 예정되었나?'

예정론에 대해 깊이 생각하게 되었다. 그러나 나는 그의 구원을 위해 힘들어도 포기하지 않고 중보기도를 했다. 기도 노트에 아버지의 이름을 적고, 그를 위해 금식하며 기도했다.

그러던 어느 날이었다. 어머니가 병실에 가져다놓은 설교 테이프를 쳐다보지도 않던 아버지가 성령님이 그의 마음을 만지셔서 하루에 같은 설교를 6번이나 들었다고 내 아내에게 말씀하셨다.

"제니야, 그런데 이 목사가 내 죄를 어떻게 알고 조목조목 설명하는지 모르겠다!"

그 순간을 놓치지 않고 아내가 말했다.

"아버님, 그것은 목사님이 말하는 게 아니라 성령님이 임재하셔서 아버님의 죄를 보여주시는 것입니다. 이 시간에 주님을 영접하세요!"

마침내 아버지가 내 아내의 간증과 권면을 통해 병원 침상에서 그리스도를 영접하게 되었다(이후 한 달 동안 천국의 삶을 살다가 돌아가셨다). 할렐루야!

그러고는 당신이 평생 인생을 헛살았다고 가슴 아파하며 "내가 이제 주를 위해 할 수 있는 일이 무엇이냐"라고 하셨단다. 아내가 "아버님, 이제는 예수님의 제자로서 아직 주님을 모르는 첫째 아들을 위해 중보기도하세요"라고 하며 종이에 중보기도의 내용을 써주었다(그것을 가지고 아버지가 열심히 기도하여 첫째 아들도 지금은 예수님을 열심히 믿는 집사가 되어 남가주 지역의 이민교회를 섬기고 있다).

아버지가 돌아가시기 일주일 전에 갑자기 은행에 꼭 가야겠다고 하셨다. 그리고 내 차를 타고 가시다가 내 손을 잡고 말씀하셨다.

"석환아, 그동안 정말 미안했다!"

하나님 앞에 제대로 회개하면 사람들에게도 회개할 수 있는 용기가 생긴다. 나는 바로 그때 '아, 이제 천국에서 아버지를 뵙게 되겠구나' 하는 확신이 생겼다. 우리는 끈기있게 우리가 사랑하는 가족과 친구들이 마지막 순간에라도 회개하여 구원받도록 중보기도를 해야 한다.

바람과 바램

바람과 뛰어라
살같이 흐르는 시간을 좇아라
하늘 끝까지 오르는 네 이상을
꿈으로 피워 올려라
수천 만의 풍선처럼
네 모든 생각을 띄워 보내라

바람은 분다
부는 바람처럼 자유롭게
한없이 넓은 세상을
마음껏 달려 보아라
그분의 손길을 따라
시냇가의 나무처럼

온 세상을 활보하되
그곳에 머물라
그분의 손길 안에
성령의 바람이 부는 그곳
바람과 바램의 정착지에

Part 3

듣고
순종하는 삶

HEARING

07 치유하시는 성령님께 듣기

묵상(meditation)은 'medicine(약, 의술)'이라는 단어와 라틴어 어근이 같다. 하나님의 말씀을 묵상하며 하나님의 음성을 듣는 게 병 고침을 동반한다는 것이다. 그래서 히어링이 힐링(healing)의 시작이다!

누가복음 17장에서 예수님은 치유받기를 원하는 열 명의 나병 환자를 만나신다. 그들에게 이르시기를 "가서 제사장들에게 너희 몸을 보이라"(14절)라고 하셨다. 예수님의 말씀을 듣고 순종하는 과정에서 그들의 나병이 치유된다.

나병 환자들의 치유는 예수님의 말씀을 '들음'에서 시작되었다. 오늘도 하나님의 말씀을 듣고 순종하는 과정 속에서 성령님은 우리를 치유하신다.

히어링으로 병을 치유해주시다

1973년부터 따뜻한 남가주에서 살아서인지 나는 추운 것을 잘 못 견딘다. 그리고 어려서부터 발이 시리고 추워서 남가주의 더운 여름밤에도 양말을 신고 잠을 잔다. 그래서 결혼 초기에는 아내가 나를 이상한 남자로 보았다. 그러니 1998년 초겨울에 40일 금식을 했을 때는 어땠겠는가! 그것도 기도원 산 속의 동굴에서 말이다.

밤이 되면 배고픈 것보다 발이 시렵지 않게 잠을 잘 수 있게 해달라는 기도만 했다. 다음 해인 1999년에 두 번째 40일 금식기도를 할 때는 더 힘들었다. 며칠동안 발이 얼음덩어리처럼 되어 고생을 했다. 가져간 모든 옷가지로 발을 덮고 손으로 쓰다듬으며 간신히 새우잠을 자거나 꼬박 밤을 새기도 했다.

그러던 어느 날, 나는 하나님께 정식으로 기도했다.

"주님, 제가 기도를 하려는데 발이 시려워서 못하겠으니 제발 좀 치유해주세요!"

기도라기보다는 짜증이 가득한 불평이었다. 그런데 응답은 없고 '그냥 하던 대로 해라'라고 말씀하시는 것 같았다. 그래서 그날 아침에도 양말을 두 겹씩 신고, 매일 아침마다 가는 등산 코스를 따라 산에 올랐다. 금식할 때는 생수를 마시고 땀을 빼야 몸속의 불순물들이 땀구멍을 통해 빠져나간다.

언제나 같은 코스를 택하는데 40일 금식 첫날에 40분 정도 걸리던 것이 마지막 날에는 20분이면 거뜬히 마칠 수 있었다. 그날은 산을 거의 날아다닌다는 표현을 써도 될 정도였다. 몸무게도 줄었지만 몸이 장기간의 금식을 통해 건강해졌기 때문이다.

여느 때처럼 같은 코스로 정상에 올랐다가 반대편으로 하산하고 있는데 한곳에 이르자 성령님께서 '동작 그만!'이라고 명령하셨다. 나는 또 무슨 일이 있나 하며 일단 정지해서 주님께 여쭈었다.

'왜요, 주님?'

그런데 순간 내 발밑에서부터 뜨거움이 전해지기 시작했다. '아, 내가 온천을 찾았구나'라고 생각하며 맨손으로 땅바닥을 만져보았다. 그런데 땅은 완전히 얼음처럼 차가웠다.

'그럼 지금 내가 느끼는 이 따뜻함은 영적인 것이구나!'

나는 그 자리에서 두 손을 들고 주님을 찬양하며 기도드렸다. 한참 후에 열기가 가셨고, 나는 하산하여 방으로 돌아왔다. 양말을 벗고 발을 만져보니 여전히 열기가 남아 있었고, 더 이상 발이 시리지 않았다. 그리고 정말 기적적으로 그날 밤에 아무 문제없이 단잠을 자고 하나님께 깊은 감사를 드렸다. 그 후로도 며칠 동안 맨땅의 열기 치료를 받으며 시린 발의 고통은 영원히 없어졌다.

내 병을 위해 누구의 안수를 받은 것도 아니고, 주님이 지시하는 것에 순종하여 치유를 받은 것이다. 정말 히어링이 힐링이다!

치유 중보를 위해 음성을 주시다

때때로 주님이 음성이나 비전, 마음속의 간절한 생각을 통해 세계의 많은 사람들과 상황에 대해 중보하게 하신다.

2007년에 29일 동안 미국을 오토바이로 일주하며 캄보디아를 홍보하고 선교 헌금을 모금한 적이 있다. 미국 중부 지역의 산에 오르고 있는데 갑작스런 기후의 변화로 억수같은 비가 쏟아졌다. 오토바이를 계속 타기에 매우 어려운 상황이었다.

그 와중에 휴대폰이 습기 때문에 불통이 되어 내 뒤를 따르며 그 여행을 다큐멘터리로 만들던 CTS TV의 USA팀들과도 연락이 되지 않았다. 간절하게 기도하며 하산해서 맨 처음 보이는 식당에 들어가 젖은 옷을 대충 말리고 앉아 있는데 취재팀이 들어오며 "역시 여기 계시네요!"라고 했다. 앞서가던 나를 놓치고 계속 연락을 하는데 되지 않자 일단 하산해서 보이는 첫 식당에 있을 거라는 생각이 들었다는 것이다. 나는 "역시 똑똑한 사람들과 여행을 해야 박자를 제대로 맞추는구나" 하며 그들을 칭찬해주었다.

무사히 미국 일주 여행을 마치고 장모님께 전화를 드렸다. 그런데 장모님이 또 놀라운 이야기를 하셨다.

"오 목사가 오토바이로 여행을 하던 어느 날 오후에 갑자기 자네를 위해 중보기도를 해야겠다는 생각이 들었어. 그래서 한나절 동안 열심히 기도를 했다네."

내 일기장을 찾아보니 장모님이 기도하셨던 날짜와 시간이 바로 소낙비를 만나 식당에서 촬영팀과 극적으로 만나던 그날 그 시간이었다. 이렇듯 하나님은 영적으로 깨어 있는 자들에게 시시때때로 중보기도를 시키신다.

나도 개인적으로 이런 중보기도를 통해 간증을 남긴 적이 있다. 오래전 어느 날 아침, 별 생각 없이 매일 하듯이 아침에 말씀을 읽고 자리에서 일어나려고 하는데 마음속에 키르기스스탄에 계신 강 선교사님에게 전화를 걸어야 된다는 강력한 충동을 느꼈다.

2000년 초에 카자흐스탄의 알마티시에서 900명의 청년들이 모인 집회를 인도할 때 강 선교사님이 옆의 나라인 키르기스스탄에서 왔다며 나를 꼭 집회에 초대하고 싶다고 명함을 건네주어서 받아놓았다. 그러나 당시 국제전화를 휴대폰으로 건다는 것 자체가 생소했고, 인터넷이 활용되기 전이라 여러 번의 실수 후에 드디어 연결이 되었다. 내가 조심스럽게 말했다.

"강 선교사님, LA의 오 목사예요. 기억나세요? 오늘 갑자기 선교사님께 전화를 드리고 싶어서 연락드렸습니다!"

반대쪽에서 잠시 정적이 흘렀다. 그리고 곧 선교사님이 떨리는 목소리로 말했다.

"오 목사님… 제 뇌에 종양이 생겼는데 살 수 있는 방법은 뇌를 들어울려 제거해야 된답니다!"

얼마나 황당하고 암담한지! 일단 전화로 무조건 치유하여 살려달라고 중보기도를 열심히 했다. 그 후 강 선교사님의 파송교회인 남가주은혜교회에서 수소문하고, 또 하나님의 섬세하고 선하신 인도하심으로 선교사님이 미국에 급히 오실 수 있게 되었다. 그리고 바로 UCLA대학 병원에 입원하여 수술 준비를 하게 되었다. 아내와 함께 심방을 갔는데 선교사님은 병중에도 기쁜 얼굴로 간증을 했다.

"제 사회복지 담당이 정말 신실한 크리스천이에요. 아내가 지금 임신 중인데 긍휼히 여겨서 우리 가족이 영주권을 받게 해주고, 모든 수술 비용을 정부가 담당하도록 해결해주었어요."

할렐루야! 주님은 퍼즐 같은 우리 인생의 조각들을 맞추어서 걸작품으로 만들어주신다. 오랜 시간이 지나 강 선교사님이 건강한 모습으로 키르기스스탄에서 선교하는 모습을 가끔 기독신문을 통해 보게 되었고, 바이올라대학을 졸업한 그의 딸은 내 페이스북 (facebook) 친구가 되었다.

물론 선교사님이 내 전화 기도를 받아 치유받은 건 아니다. 그러나 선교사님이 키르기스스탄 병원에서 뇌종양 진단을 받고 누구에게도 알릴 시간이 없었는데, 바로 그때 성령님이 LA에 있는 내게 음성을 들려주시고, 전화를 통해 치유를 위한 중보를 하도록 하신 게 치유의 첫 단추가 된 것은 분명하다.

중독에서 치유해주시다

프린스턴신학교 조직신학 주교수였던 이상현 박사님이 나를 많이 사랑해주셨다. 몇 년 동안 2세 목회 방향에 대한 세미나 인도를 내게 부탁하셔서 많은 2세 신학생들과 교류할 수 있었다. 그런데 한번은 내게 뜬금없이 연락을 하여 말씀하셨다.

"오 목사, 이번엔 며칠 부흥집회식 강의를 해주게!"

이유를 여쭤보니 프린스턴신학교 출신 신학생들은 목회에는 관심이 없고, 신학교에서 학생들을 가르치려고만 한다는 것이었다. 그래서 부흥사인 내게 집회식 강의를 요청하신다고 했다. 물론 나는 흔쾌히 승낙했다.

그런데 프린스턴에 도착하여 강의를 하는데 맨 앞에 앉아 있는 한 신학생이 나를 계속 째려보았다. 나는 기분이 나빠서 아예 그쪽은 보지 않고 강의를 했다. 강의를 마치고 학교 안에 있는 게스트 하우스(guest house)로 향하는데 그 학생이 나를 쫓아오며 교제를 나누고 싶다고 했다. 남학생이어서 내 방에서 이야기를 하기로 했다.

그 학생이 말하기를 내 강의를 들으면서 이상하게도 나쁜 감정이 자꾸 올라왔다고 했다. 그러면서 여러 중독 때문에 사역을 포기하고 싶다는 고백도 했다. 나는 워낙 상담의 은사가 없기에 "형제님, 함께 기도합시다" 하고 안수하며 기도했다. 그런데 환상 중에 까만 새가 형제의 어깻죽지 밑과 등을 발톱으로 잡아서 피가 흐르고 있는 게 보였다. 그래서 성령님의 기름을 바르고 예수님의 피로 정결케 했다. 기도가 끝나자 그가 놀라서 말했다.

"목사님, 저는 거의 프로급의 운동선수입니다. 그런데 목사님이 말씀하시는 부분에 이유 없이 통증이 생겨 얼마 전에 병원에 갔는데 의사가 문제가 없다고 해서 괴로워하고 있었습니다!"

형제는 중독 문제로 마귀들에게 자기 삶의 문을 활짝 열어주게 되었고, 고통을 받고 있었다. 그가 감사해하며 씩씩한 모습으로 게스트 하우스를 떠나던 뒷모습이 기억에 남았다.

그 후 15년쯤 지난 후 선교 컨퍼런스를 인도하기 위해 미국의 한 소도시에 방문했을 때였다. 한 중년 목회자로부터 정말 근사한 대접을 받게 되었다. 그가 웃으며 말했다.

"목사님은 기억이 잘 안 나시겠지만 제가 그때 새의 발톱에 눌려 고생하던 신학생입니다!"

나는 분명히 기억하고 있었다. 사람은 기억이 잘 안 나도 내가 본 환상과 하나님의 섬세한 인도하심에 대한 간증은 시간이 아무리 지나도 뚜렷이 기억한다. 그가 말을 계속 이어나갔다.

"이곳에서 오랫동안 사역하고 있습니다. 그때 제대로 대접을 못해서 지금 한턱 내겠습니다!"

할렐루야! 내 삶에서 가장 맛있게 먹었던 미국식 돼지갈비 바비큐로 기억한다.

가족 관계를 치유해주시다

같은 상황에서 같은 문제로 고생하며 아무리 해도 안 되었던 해결 방법으로 문제를 풀어보겠다고 계속 시도하는 건 매우 어리석은 일이다. 문제가 안 바뀐다면 문제를 풀기 위해 상황이나 장소를 바꾸든지, 풀려고 했던 방법을 바꾸어 다른 각도에서 해결책을 모색해보아야 한다. 목회의 문제도 마찬가지이다. 목회에 대한 여러 권의 책을 집필한 힌 선배 목사가 말했다.

"오 목사, 목회는 힘든 것이 아니라 불가능한 것이네!"

그러면서 성령님의 부르심과 인도하심 없이 목회를 하려고 하는 것 자체가 세상에서 가장 미련한 일이라고 했다. 당시 나는 개척교회를 막 시작한 때라 그의 말에 전적으로 동의했다. 우리의 삶 속에서 영적으로 탈진이 되면 무조건 기도의 자리로 가야 된다. 문제 속의 상황과 장소에 앉아 있으면 문제가 나를 삼키게 된다.

1990년 초반, 개척교회의 여러 문제들을 놓고 힘이 들어서 아내와 기도원을 찾았다. 그리고 주님께 말씀드렸다.

'주님, 제가 정말 탈진이 되었어요. 아무 사역도 하지 않고 기도원 구석에서 저를 위한 중보기도만 할게요!'

그런데 예배실에 들어가자마자 중간쯤 앉아 있던 한 권사님에게 안수기도를 하라고 하셨다. 나는 화가 나서 말했다.

'주님, 오늘은 사역 안 합니다. 저도 힘들다고요!'

그리고 예배당을 빙빙 돌다가 그 권사님을 보기가 부담이 되어 아예 밖으로 나와 기도를 했다. 주님의 명령에 순종을 하지 않으면 절대 마음에 평안이 없다. 기도도 안 되고 계속 화만 나서 이곳저곳을 다니다가 점심시간이 되어 기도원 식당으로 갔다. 그런데 그곳에 그 권사님이 내 앞을 왔다 갔다 하다가 바로 앞에서 설거지를 하는 게 아닌가!

'저 권사에게 가서 안수기도를 해주어라!'

성령님이 다시 한번 권면하셨다. 하지만 나도 물러설 수 없었다.

'오늘은 절대 안 합니다!'

그리고 아내와 차를 타고 식당에서 조금 떨어진 기도원의 제2수양관으로 갔다. 그런데 주의 음성을 듣고 불순종한 내 마음이 불편한 정도를 떠나 두렵고 떨리기 시작했다. 그래서 할 수 없이 아내에게 이야기를 했다.

"사실은 성령님이 아까 설거지하던 권사님에게 자꾸 기도해주라고 하시는데, 내가 오늘은 쉬러 왔다고 투정하며 불순종했거든…. 그래서 제2수양관으로 장소를 옮기자고 한 거야. 그렇지만 만약 그 권사님이 한 번 더 우리 앞에 나타나면 기도해드리자!"

그렇게 말하고 차에서 내리는데 그 권사님이 제2수양관으로 걸어오시는 게 아닌가! 내가 하도 어이가 없어서 그 분에게 물었다.

"권사님, 대체 기도 제목이 무엇인가요? 하나님께서 왜 자꾸 권사님을 위해 기도해주라고 하시나요?"

그 분도 어이가 없다는 얼굴로 나를 쳐다보다가 말문을 열었다.

"저는 문제투성이인 아들 때문에 기도원에 왔어요! 그리고 2세들을 위해 사역한다는 오석환 목사님이란 분을 좀 만나게 해달라고 몇 주째 기도하고 있습니다!"

나도 놀라 잠시 멍 하니 있다가 말을 꺼냈다.

"권사님, 제가 오석환 목사입니다!"

그러자 그날 처음 나를 본 권사님이 내 품에 뛰어들어 나를 붙잡고 아들을 살려달라고 기도 부탁을 하시는 게 아닌가! 권사님을 아내와 같이 제2수양관의 방에 모시고, 안수하며 간절하게 기도해드렸다. 그리고 권사님의 아들만의 문제가 아닌 아들과 어머니가 함께 감당해야 된다는 상담까지 했다(그 권사님은 아들 문제로 하나님께 섭섭해하고 있었다).

내적치유 사역을 하고 있는 아내 덕분에 정말로 완벽한 카운슬링과 중보기도를 해드릴 수 있었다. 많은 시간을 보내고 그곳을 나오는 내 영은 훨훨 날아갈 듯 힘을 얻었다. 나는 주님께 큰 소리로 감사기도를 드렸다.

"주님이 하시지요. 주님이 이루시지요. 주님이 시키시는 일만 하면 되지요. 할렐루야!"

내 생각대로, 내 뜻을 이루기 위해, 목회라는 내 삶의 테두리 안에서 스스로 투쟁하다 탈진한 영이 부활한 듯했다! 내가 '2세 목회를 하는 오 목사'라는 것을 깨달은 후 내 품에 뛰어든 권사님의 눈은 목자의 품에 안기는 양의 눈처럼 보였다.

우리 주님은 아파하는 이런 양들을 지금도 찾아 나서고 계시다. 우리가 그분의 말씀을 들으면 힐링이 이루어진다. 요한복음 10장에는 예수님만이 우리의 선한 목자이시며, 우리는 그를 알 뿐만이 아니라(14절), 자기의 이름을 부르는 목자의 음성을 히어링(hear His voice)한다고 기록되어 있다(3절).

우리를 위해 목숨을 바치신다는 선한 목자이신 예수님은 오늘도 우리를 치유하시기 위해 계속 말씀하고 계시다. 우리가 처한 상황에서 문제를 벗어나 그분의 말씀에 귀를 기울이며 치유받기를 간절히 기도해본다.

부부 관계를 치유해주시다

한번은 비행기를 타고 이동하면서 점심 식사를 하고 있는데, 성령님이 내가 주례를 했던 우리 교회의 한 젊은 커플을 보여주시며 당장 그들에게 편지를 쓰라고 하셨다.

'주님, 제가 지금 비행기에서 식사 중인데, 왠 편지를 쓰라고 하시나요?'

그런데 확실하게 편지에 써야 할 말을 주시며 공항에 내리자마자 그들에게 부치라고 하셨다. 할 수 없이 난 기내식사용 냅킨에 성령님의 말씀을 받아쓰고, 동부에 도착하자마자 공항 우체국에서 편지를 보냈다. 그 지역에서 부흥집회를 마치고 며칠 뒤에 다시 LA에 도착해 교회 주일예배를 인도했다. 예배 후에 그 커플이 나를 찾아왔다. 둘 다 얼굴이 상기되어 말했다.

　"목사님, 저희들이 보낸 편지가 혹시 집에 도착했습니까?"

　나는 무슨 말인지 이해가 되지 않아 물었다.

　"무슨 소리야? 편지는 내가 썼는데… 내가 보낸 편지는 받았니?"

　그들은 조금 안심한 듯 말했다.

　"네, 목사님이 보내주신 편지를 받고 저희가 회개하고 이혼하지 않고 다시 살기로 다짐했습니다!"

　'아니, 이건 또 무슨 소리란 말인가?'

　자초지종을 들어보니 결혼생활이 힘들어서 주례했던 내게 각자 편지로 알리고 이혼하기로 결정하고, 며칠 전 내게 편지를 보냈다고 했다. 그런데 시간적으로는 도저히 내가 그들이 보낸 편지를 받아볼 수 없었을 텐데, '너희들은 다른 생각을 하지 말고 주를 위해 열심히 잘 살라'라는 메시지가 냅킨에 쓰여서 왔다는 것이었다. 그래서 섬세하게 간섭하시는 하나님 앞에 회개하고 다시 잘 살기로 했다고 말했다. 그러면서 그들이 내 새끼손가락을 잡으며 말했다.

"목사님, 우리가 보낸 편지를 절대 읽으시면 안 돼요. 제발 약속해 주세요!"

나는 손을 뿌리치며 장난스럽게 말했다.

"무슨 소리야, 그 편지를 읽는 정도가 아니라 내가 평생 간직하고 있을 거야. 그리고 너희들이 딴 짓을 하면 계속 들이댈 거야!"

우리 집에 도착한 둘의 편지를 읽으며 얼마나 재미가 있었는지 모른다. 부인의 편지를 읽으면 그의 남편은 완전히 정신이상자였고, 남편의 편지를 읽으면 부인은 마귀할망구였다! 정말 같이 사는 게 기적이라는 생각이 들 정도였다. 그러나 하나님은 비행기에 타고 있는 그들의 목자에게 말씀해주시고, 그 말씀을 듣게 하심으로서 그들의 관계를 치유해주셨다.

부부 관계의 치유는 문제가 시작될 때 풀어야지 시간을 놓치면 갈수록 치유가 힘들어진다. 아마 그들이 세상의 카운슬링을 통해 문제를 풀려고 했으면 아주 오래전에 그 결혼은 끝났을 것이다. 오직 성령님만이 모든 문제를 해결할 수 있는 열쇠를 갖고 계신다.

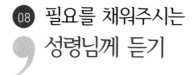

08 필요를 채워주시는 성령님께 듣기

당신은 믿음으로 간구해야 한다! 윌리엄 구날(Willam Gurnall)은 '기도란 오직 하나님의 약속을 기억하고 그분에 대한 믿음으로 응답받는 것'이라고 말했다. 그것은 정말 옳은 말이다. 당신은 간구하기 전에 하나님이 응답하실 것을 반드시 믿어야 한다.

믿음이 없이는 하나님을 기쁘시게 하지 못하나니 히 11:6

너희가 기도할 때에 무엇이든지 믿고 구하는 것은 다 받으리라 마 21:22

만일 당신이 간구한 것을 믿지 않는다면 계속 기도하지 말라. 그것은 당신의 기도를 헛된 중언부언으로 변질시키는 일이며, 몽골인들이 깡통에 줄을 달아 하루 종일 빙빙 돌리며 하는 기도보다도 못하게 만드는 것이다. 일단 기도를 멈추고, 기도 제목에 걸맞은 온전한 믿음을 달라고 하나님께 간구하라. 나는 이 기도의 원칙을 플로리다에서 초자연적인 방식으로 체득했다.

믿음으로 구하면 채워주신다

성령님이 오이카스교회에서 사례비를 받지 말라고 말씀하신 그해에 사례비를 받지 않았음에도 불구하고 3만 달러에 이르는 내 개인 채무를 하나님께서 갚아주셨다.

나는 플로리다의 한 이민교회에서 설교를 했다. 주일 오후, 3일간의 부흥회를 끝마칠 무렵이었다. 마지막 예배의 설교를 마치고 강단 옆의 계단으로 내려가고 있을 때 담임목사님이 광고를 하고 있었다. 그 순간 성령께서 내게 '네 신용카드 빚을 해결해주마'라고 말씀하셨다. 하지만 나는 믿을 수가 없었다. 그래서 하나님께 말씀드렸다.

'주님, 저는 그것을 믿을 수 없습니다. 예배는 마쳤고, 담임목사님은 광고를 하고 있습니다.'

하지만 하나님께서 '믿음을 간구하라. 그것은 성령의 은사이다'(고전 12:9)라고 다시 말씀하셨다. 나는 겸손히 하나님께 믿음을 달라고 기도했다. 열심히 기도하는 중에 하나님의 권능이 믿음의 형식으로 내 안에 들어온 것을 느꼈다. 그것을 구체적으로 어떻게 설명해야 할지 모르겠지만, 내 입술로 "네, 주님, 저는 믿습니다!"라고 고백하고 있었다.

바로 그때 담임목사님이 광고를 하다가 멈추고 말했다.

"성도님들, 저는 방금 주님이 하시는 말씀을 들었습니다. 우리는 오 목사님을 위해 사랑의 헌금을 할 필요가 있습니다."

그리고 장로님들에게 물었다.

"사랑하는 장로님들, 우리는 사전에 이 문제를 논의한 적이 없습니다. 그러니 만일 오 목사님을 위한 사랑의 헌금에 반대하는 분이 있다면 손을 들어주십시오."

어느 장로가 그런 상황에서 강사를 위한 특별헌금 요청에 반대를 하겠는가! 그 교회 성도들 모두 은혜롭게 사랑의 헌금을 해주었다. 다음 날 내가 LA로 돌아갈 준비를 하고 있을 때였다. 목사님이 아침 식사를 하자고 오셔서는 봉투를 내밀었다.

"여기에 목사님의 항공 요금이 포함되어 있습니다. 많지 않은 금액이어서 미안합니다!"

나는 정말 그 봉투 안에 목사님의 말대로 적은 금액이 들어 있을 것이라고 생각했다(어떤 한국 사람들은 사실과는 반대로 과장해서 말하기도 한다. 그러나 당신이 선물을 줄 때에는 겸손하게 말해야 한다). 그런데 집에 와서 봉투를 열어보자 그 안에는 6천 달러짜리 수표가 들어 있었다! 항공료를 제외하고 남은 총액은 5,560달러였다.

며칠이 지난 후에 5,550달러의 신용카드 청구서가 왔다. 하나님은 내가 간구한 금액보다도 10달러를 더 주셨다! 그날 이후로 나는 하나님께 간구하기 전에 먼저 믿음을 달라고 기도한다. 간구하라, 믿음으로!

올바른 동기로 구하면 채워주신다

주님께 간청할 때는 올바른 동기로 해야 한다. 당신이 구하는 것(what)보다는 구하는 이유(why)가 더 중요하다. 성경은 "구하여도 받지 못함은 정욕으로 쓰려고 잘못 구하기 때문이라"(약 4:3)라고 말씀하신다. 또 당신이 바라는 모든 것이 당신에게 진정 유익한 것은 아니다. 이런 덴마크 속담이 있다.

"돼지가 꿀꿀거릴 때 먹이를 주어라. 그리고 어린아이가 원하는 것을 달라고 보챌 때 다 주어라. 그러면 당신은 아주 좋은 돼지와 못된 아이를 갖게 될 것이다."

하나님은 돼지를 키우시는 게 아니라 자녀를 양육하신다. 그러니 당신이 원하는 모든 것들 때문에 울부짖지 말라. 당신의 마음을 먼저 검토해보라. 간구하기 전에 마음의 동기를 점검하라. 하나님은 당신이 생명을 유지하는 데 필요한 모든 것을 주신다. 그분이 당신에게 주기 원하신다는 것을 즐거워하라. 사도 바울은 말한다.

나의 하나님이 그리스도 예수 안에서 영광 가운데 그 풍성한 대로 너희 모든 쓸 것을 채우시리라 빌 4:19

나는 그리스도 예수에 의해서 하나님의 영광에 따라 하나님의 공급하심을 경험했던 간증을 나누고 싶다. 수양관에서 장기간 금식할 때였다. 주님은 내게 교회에서 사례를 받지 말고, 개인 후원을 통해 지원금을 받아 사역해온 빌 브라이트(국제대학생선교회 CCC 창립자) 목사님처럼 선교사로서 살기를 원한다고 말씀하셨다. 사역 때문에 이미 빚을 안고 있었기에 내게 그것은 감당할 수 없는 명령이었다. 그러나 나는 순종했고, 하나님은 나와 내 가족을 축복하셨다. 그럼에도 불구하고 나는 한 가지 목적을 가지고 있었다.

하나님은 재정적인 필요에 대한 내 기도를 항상 마지막 순간에 응답해주시는 것 같았다. 그래서 어느 날, 하나님을 찾으며 정직하게 1만 달러를 달라고 간구했다. 그 이유는 만일 내가 은행 계좌를 개설해서 잔액을 초과하는 수표를 발행하지 않는 체크 계좌에 연결하면, 그다음에 내 개인 수표가 잔액 부족으로 반환되는 일을 염려하지 않아도 되기 때문이었다.

얼마 후 시카고 지역의 친구인 박원철 목사가 섬기고 있는 교회에서 주일예배를 인도했다. 박 목사는 내게 미리 알리지도 않고 나를 위한 사랑의 헌금을 하기로 결정했다. 나는 속으로 '이것이 내 친구의 장점이지'라고 생각했다. 그런데 그날 밤에 박 목사가 내가 머물고 있는 호텔로 찾아와 말했다.

"이건 정말 기적이야! 우리 교인들이 자네에게 9천 달러를 헌금해주었네."

교회 역사상 가장 많은 헌금이 4천 달러 정도였고, 그것도 매년 추수감사절기의 헌금에나 가능한 액수라며 그는 놀라워했다. 나는 친구에게는 "할렐루야!"라고 말했지만 그 수표를 손에 쥐고서 하나님께 말씀드렸다.

'그런데 주님, 저는 1만 불이 필요하다고 기도했는데, 혹시 십일조를 미리 떼셨나요?'

그래도 나는 기쁜 마음으로 아내에게 전화를 걸어 좋은 소식을 알려주었다(그녀는 다른 시간대에 있는 LA에서 예배를 마쳤다).

"여보, 이곳 교회에서 9천 달러를 헌금해주었어!"

그런데 아내가 잠잠히 침묵을 지켰다. 나는 약간 이상한 생각이 들어 물었다.

"제니, 왜 그래? 무슨 일이 있었어?"

"오늘 우리 교회 주일예배 후에 친교실에서 성도들과 대화를 하고 있었어요. 그런데 검은 양복(캘리포니아 남부 지역에서는 주일예배의 일상적인 차림이 아니다)을 입은 사람이 와서는 '오석환 목사'라고 당신의 이름이 적힌 흰 봉투를 내게 건네주면서 '이것을 오 목사님에게 전해주면 무엇인지 알 겁니다'라고 말했어요."

아내가 집에 돌아와서 봉투를 열어보니 100달러짜리 지폐 10장, 즉 1천 달러가 들어 있었다고 했다. 그 사건 이후로 나는 잔액 부족으로 반환되는 개인 수표가 있을까 봐 걱정하지 않게 되었다.

나는 단지 은행에 많은 돈을 쌓아두고 싶어서 간구하지 않았다. 오히려 내 재정에 대한 불안감이 사역에 좋지 않은 영향을 미칠 수 있기에 올바른 동기를 가지고 간구했고, 하나님께서는 내가 시카고에서 작은 기적을 경험할 수 있게 해주셨다(검은 옷을 입은 그 남자는 이후로 다시 나타나지 않았다).

당신이 하나님께 돈을 간구하는 마음의 동기를 정직하게 검토해보라. 당신이 구하는 것보다는 당신이 구하는 이유가 더 중요한 것이다. 혹시 간구하고 있는 것 중에 "구하여도 받지 못함은 정욕으로 쓰려고 잘못 구하기 때문이라"(약 4:3)라는 말씀에 해당되는 항목이 있지 않은가 살펴보라.

남의 필요를 채워줄 때 내 필요를 채워주신다

열왕기상 17장 10절에 엘리야 선지자와 가뭄 때문에 먹을 것이 없던 가난한 사르밧 과부에 대한 이야기가 나온다. 그곳을 지나던 엘리야가 그 여인에게 음식을 청하자 "나는 떡이 없고 다만 통에 가루한 움큼과 병에 기름 조금 뿐이라 내가 나뭇가지 둘을 주워다가 나와 내 아들을 위하여 음식을 만들어 먹고 그 후에는 죽으리라"(12절)라는 절망적인 대답을 한다.

그러나 엘리야는 그 마지막 남은 음식을 자신에게 주라면서 선포한다.

> 이스라엘의 하나님 여호와의 말씀이 나 여호와가 비를 지면에 내리는
> 날까지 그 통의 가루가 떨어지지 아니하고 그 병의 기름이 없어지지
> 아니하리라 하셨느니라 **왕상 17:14**

정말 엘리야 선지자의 선포와 같은 일이 일어났고, 사르밧 과부의 선행은 자신이 필요한 것을 주님의 사역자를 위해 포기했을 때 채워주신다는 믿음의 좋은 예로 전해지고 있다.

나도 이것을 독일의 슈투트가르트시에서 체험했다. 유럽의 유학생들을 위해 매년 열리는 코스테 강의를 부탁받고 참석했을 때였다. 강의를 마친 후 호텔방에서 박사학위 리포트를 쓰다 지쳐 잠을 자

려는데 누군가 내 방문을 두드렸다. 그는 김병학이라는 형제였다. 12년 전에 미국 샌디에이고에서 열린 자마(JAMA, Jesus Awakening Movement for America) 대회를 마치고 우리 집에 초대받아 왔던 독일 프랑크푸르트 팀의 일원이었다고 했다. 쌍둥이 형과 같이 우리 집에 와서 저녁을 먹고 기도회도 했다는데 나는 전혀 기억나지 않아서 솔직하게 그에게 말했다.

"병학 형제, 미안한데 난 기억이 안 니는데 어떡하지?"

사실 내가 사역을 하는데 가장 치명적인 문제 중 하나가 사람을 잘 기억하지 못한다는 것이다(머리가 안 좋아서 사람을 기억을 못할 뿐인데 많은 사람들이 내게 교만하다고 말한다). 30대 후반쯤으로 보이는 선비 같은 형제가 잠시 자기 신앙에 대한 간증을 하고 내 방을 나가면서 선교비라며 봉투를 쥐여주고 갔다. 순간 나는 방금 전 내 텅 빈 지갑을 보며 '내일 터키의 이스탄불로 가야 하는데 현금이 없으니 어떡하지' 하며 고민했던 게 기억이 났다.

사실 독일과 터키 여행을 위해 영국 공항에서 미국 달러를 유로로 충분히 환전을 했다. 그런데 집회에 와서 강사들과 교제를 하다가 한 한국 선교사님의 간증을 듣게 되었다.

"아내가 임신을 했어요. 그런데 힘든 선교지에서의 임신 소식에 위축되어 우울증 증세를 보이네요!"

나는 가슴이 아팠다. 임신 소식이 삶 가운데 가장 기쁜 소식인데 사역이 얼마나 힘들기에 사모가 우울증 증세까지 보일까 싶어 예쁜 카드에 이렇게 정성스럽게 썼다.

'사모님, 배 속의 아이를 위해 맛있는 것을 많이 사드세요!'

그리고 지갑에 있던 전 재산인 200유로를 선교사님께 헌금했다. 그래서 내 지갑이 예수님의 부활하신 무덤처럼 비어 있었던 것이다. 그런데 하나님께서 한 형제를 통해 정확하게 200유로를 부활시켜 다시 내 지갑에 채워주셨다. 이런 주님을 어떻게 안 따르겠는가!

사실 지금은 이렇게 점잖게 글을 쓰지만 당시에는 섬세하게 역사해주시고 금액도 정확하게 맞추어주셔서 주님이 하셨다는 것을 조금도 의심하지 않도록 인도해주신 은혜에 감사해서 눈물을 펑펑 쏟았었다.

엘리야 선지자가 선포한 말씀대로 통의 가루가 떨어지지 않고 병의 기름이 없어지지 않음을 체험한 사르밧의 과부는 매일 얼마나 감격했을까! 매일 배부르게 떡을 먹을 수 있다는 현실보다 하나님의 말씀대로 하나님이 자신의 삶을 통해 역사해주심에 더 감격하며 감사했으리라. 200유로의 헌금을 받은 나도 200유로 정도의 감사를 드린 게 아니라 실제로 섬세하게 역사해주시는 주님께 더할 수 없는 감사와 찬양을 드렸다.

아프리카 선교사의 필요를 미국에서 채워주시다

친구인 손경구 목사가 카카오톡(SNS)을 통해 이런 글을 보냈다.

"믿습니다! 믿습니다!"라고 자기 자신을 설득하는 것을 믿음이라고 하지 않습니다. "주여, 해주실 줄로 믿습니다!" 내가 하나님을 설득하는 것도 믿음이 아닙니다. 믿음은 하나님이 나를 설득하시는 과정입니다.

정말 맞는 말 아닌가! 주님은 이런 체험을 통해 내 믿음을 완성해 나가신다. 믿음의 체험을 통해 탄탄하게 내 신앙의 기둥을 만들어 가신다.

나는 얼마 전 스스로 "믿습니다"라고 설득시키지 않아도 되는 믿음의 체험을 했다. 미국의 애리조나주에 있는 새생명장로교회에서 수요예배를 인도하기 위해 당일 아침 비행기로 LA를 떠나 오후에 도착했다. 교회가 있는 피닉스시까지는 700킬로미터 정도 되었다.

저녁 식사 후 예배를 드리고 다음 날 3시 비행기를 타고 다시 돌아오는 일정이라 딱 24시간 정도 피닉스시에 머무는 셈이었다. 그래도 오랫동안 캄보디아 선교에 막강한 중보기도 후원팀으로 수고하시는 두 분의 권사님을 뵈러 가는 것만으로도 시간이 아깝지 않은 여행이었다.

그런데 아침에 공항에 가기 전에 아프리카의 짐바브웨에 있는 내 제자인 브라이언 목사에게서 긴급한 이메일을 받았다.

'목사님, 저희가 급히 짐바브웨를 떠나 남아프리카공화국으로 이사를 가야 하는데 4,500달러가 필요합니다!'

그들이 하던 고아원 사역과 제자훈련 사역이 그 지역의 비밀경찰들과 마찰이 생겨 쫓겨나는 상황이라는 설명이었다. 그래서 아침에 애리조나행 비행기를 타며 간절히 기도했다.

'주님, 저 종들이 급하다고 하는데 이번 집회 때 제가 요구하지 않아도 제게 선교 헌금을 주시는 분이 있으면, 그들이 필요한 것의 반(2,250달러)을 도와주고 싶어요!"

나는 선교 헌금을 할 때 반드시 그 반만큼의 액수로 돕는 것을 원칙으로 삼고 있다. 전액을 다 도와주면 많은 경우는 내가 하나님 노릇을 하게 되기 때문이다.

애리조나에서 수요집회를 마치고 다음 날 비행기를 타기 3시간 전에 그동안 20년 넘게 교제한 애리조나 팀들과 점심을 같이했다. 그런데 그 자리에 동참한 텍사스에서 오신 한 여자 목사님이 내게 말했다.

"목사님, 7년 전에 목사님이 애리조나에 오셔서 저와 라디오 인터뷰를 하셨었죠. 그때 제가 목사님의 가정에 한 달에 200달러씩 후원하기로 마음을 먹고 수표를 보냈는데 무슨 이유인지 편지가 되돌아와서 7년 동안 제 마음에 큰 부담이 되었습니다. 그런데 이번 주에 방문했던 새생명장로교회에서 목사님이 수요예배를 인도하신다는 소식을 듣고 텍사스로 가는 비행기 표를 취소하고 오늘까지 기다렸습니다."

그러면서 2,400달러짜리 수표를 주셨다. 아프리카의 한 선교사를 돕기 위해 모든 상황을 퍼즐처럼 맞추시는 하나님의 솜씨를 누가 예측이나 할 수 있겠는가. 이런 경험을 하면서 어떻게 하나님께 감사와 찬양을 돌리지 않을 수 있을까!

그 후 남아프리카공화국에 정착한 브라이언 목사와 페메라 사모는 하이디 베이커 목사(아이리스선교회 설립자, 대표)와 선교 센터를 운영하며 많은 사역의 열매에 대한 감사 메일을 내게 계속 보내주고 있다.

며칠 전에도 페메라 사모에게서 이메일이 왔다.

'There are many teachers, but not many fathers; you are a father to us in the faith.'(많은 스승이 있지만 아버지는 많지 않습니다. 당신은 우리의 믿음의 아버지입니다.)

내게 '믿음의 아버지'라니 감사하지만 내용이 좀 과하다는 생각이 들었다. 나는 그냥 주님이 시키는 일만 할 뿐이니…. 모든 것을 가능케 하시는 것은 성령님이시기에 그분만이 영광과 찬양을 받으셔야만 한다.

학비를 정확히 채워주시다

지금까지 나는 '하나님의 뜻이 있으면 하나님이 갚아주신다(If it is God's will, it is God's bill)'라고 2세들에게 가르쳤다. 풀러신학대학원에서 목회학 박사를 받고 오랜 세월이 지났지만 캄보디아 사역을 시작하며 그곳에 대한 연구가 필요하다는 것을 느끼던 차에 LA에 있는 후배 목사로부터 옥스퍼드에 있는 대학원에서 연구해보라는 추천을 받았다.

그러나 캄보디아 선교를 위한 후원금 모금도 매달 기적을 체험하고 있는 터라 무작정 시작할 수 없었는데 섬세하게 인도하시는 주님의 손길에 붙잡혀 공부를 시작하게 되었다.

그런데 마지막까지 필요한 7천 달러가 채워지지 않았다. 월요일부터 목요일까지는 애틀랜타에서 선교동원 집회에 참석해서 설교와 세미나로 섬겨야 되는데, 선교사님들을 섬기는 모임이라 후원금을 모을 수 있는 상황이 아니었다. 그런데 내가 그 지역의 선교 모임에 온다는 소식을 들은 친구 목사가 주일예배 설교를 부탁했다. 그리고 예배를 마치며 친구가 교인들에게 말했다.

"여러분, 오 목사님께 사랑의 헌금을 좀 합시다!"

간단한 광고 형식의 권면이었는데 5천 달러나 헌금을 해주셨다. 엄청난 액수지만 나는 교회에서 건네주는 수표를 받으며 조금은 투정하듯 말했다.

'주여, 저는 7천 달러가 필요합니다!'

그리고 며칠 후인 수요일에 아침 식사를 하려고 호텔 식당으로 내려갔는데 성령께서 이미 두 명이 앉아 식사를 하고 있는 테이블에 가서 앉으라고 하셨다.

'주님, 빈자리도 많은데 왜 이미 사람들이 앉아 있는 자리를 지정하십니까?'

그래도 나는 순종하여 가서 앉았다. 내 오른쪽은 일본에서 온 선교사님이, 왼쪽엔 도미니카 공화국에서 온 선교사님이 앉아 있었다. 아침 식사를 하며 간단하게 서로의 사역을 소개하며 인사를 나누었다. 식사 후에 강의 준비를 하러 방에 올라가려고 하는데 도미니카에서 온 선교사님이 내 손을 잡으며 말했다.

"목사님, 주님께서 목사님에게 헌금하라는 부담을 주시네요!"

그러고는 2천 달러짜리 수표를 내게 건네주었다. 주님의 섬세함에 언제나 놀라며 감사드린다.

다음 해에도 옥스퍼드에 공부를 하러 가기 위해 가정의 재정을 정리하며 2,400달러가 모자란 것을 발견하고 우리 선교 단체 사무실의 직원인 수 자매에게 사정을 말했다. 그런데 그동안 많은 사역의 지출로 인해서 잔액이 없다고 했다. 둘이 이런저런 이야기를 하는 중에 한 우편배달부가 사무실 안까지 들어와 편지 한 통을 놓고 갔다.

보통은 편지를 사무실 문을 통해 떨어뜨리고 가는데 그날은 막무가내로 사무실 안까지 들어와 회의 중인 우리 옆에 놓고 가는 게 좀 우스웠다. 그런데 그 편지를 열자마자 수 자매가 깜짝 놀란 표정을 지었다.

내 대학 후배이며 오이카스교회의 장로인 한 선교 동역자가 '목사님의 공부를 위한 헌금입니다'라고 쓴 쪽지와 2,400달러짜리 수표를 보내준 것이었다. 그 후로 수 자매와 나는 경제적인 어려움을 겪을 때마다 그때 일을 기억하며 먼저 하나님께 감사드린다. 왜냐하면 우리의 사역이 "하나님의 뜻이 있으면 하나님이 갚아주신다"는 말을 늘 체험하게 하기 때문이다.

아내의 수술비를 채워주시다

몇 년 전 한국에서 택시를 탔는데 기사가 내게 어디서 왔냐고 물었다. 미국에서 왔다고 하니 동정어린 눈으로 나를 보며 말했다.

"아이고, 고생이 많으시네요. 미국은 의료 보험 제도가 형편없다면서요!"

사실 10년 전만 해도 발끈했겠지만 당시 내가 그 말에 딱 맞는 상황을 겪고 있었기에 아무 소리도 못하고 '미국 거지' 같은 심정으로 기가 죽었다. 왜냐하면 아내의 자궁에 야구공 만한 혹이 3개나 있어 주치의가 빨리 수술을 해야 한다고 하는데 수술 비용 4천 달러가 없었다. 그래서 300명이 넘는 중보기도자들에게 이야기하며 후원을 부탁했는데 정말 기적적으로(?) 단 한 사람도 후원하겠다고 하지 않았다(사실 채워주시는 것도 기적이지만 안 채워지는 것도 기적이다).

그래서 나는 '섭섭이' 귀신과 싸우고 있었다. 그동안 다들 잘 후원해주셨기에 아내가 아파서 수술해야 한다는 기도 제목에는 당연히 후원금이 올 것이라고 생각했다. 그런데 단 한 사람도 후원을 안 한다니!

그러던 어느 날 밤, 옆집에 혼자 살고 있는 존이 문을 두드렸다. 내가 문을 열자 그가 눈물을 뚝뚝 흘리며 말했다.

"오 목사, 왜 제니가 수술해야 하는 것을 말하지 않았어? 돈이 필요하면 이야기하면 되잖아!"

그러고는 4천 달러짜리 수표를 건네주는 게 아닌가! 우리 부부는 아주 오랫동안 예수님을 모르는 그를 전도하기 위해 맛있는 것도 갖다주고 친하게 지냈다. 그는 맥도날드 매장을 7개나 가지고 있는 사업가였는데 조금은 괴짜였다. 그런데 그날 밤에는 자기도 몸이 아파서 병원에 다니기 시작했다며 자기의 부푼 배를 가리키며 통곡하기 시작했다. 그래서 내가 그의 배에 안수기도를 했다.

그날 주님이 가르치신 교훈은 내가 아직도 사람을 의지한다는 것이었다. 내가 사랑을 베푼 사람들이 당연히 내게 사랑으로 보답해야 한다고 기대했다. 그런데 옆집의 예수님을 모르는 존을 통해 모든 것을 채워주시고, 그에게 안수하며 기도해줄 기회를 주시며, 예수님 외에 모든 사람은 의지의 대상이 아닌 사랑의 대상으로만 대하라고 가르쳐주시는 듯했다. 믿을 사람은 하나도 없어도 사랑의 대상은 내 삶 속에 정말 많다.

화장품을 채워주시다

1991년 오이카스교회를 개척하고 경제적으로 매우 힘든 시간을 보낼 때였다. 나는 몇 주 동안 아르헨티나의 부에노스아이레스에서 열린 컨퍼런스에 참석한 후에 오후 비행기로 미국에 도착했다. 그런데 같이 공항에 마중을 나왔던 한국인 집사님이 작은 봉투를 내게 주며 말했다.

"목사님, 사모님께 이것을 전해주세요!"

나는 감사의 인사를 하고 아무 생각 없이 봉투도 열어보지 않고 비행기에 올랐다. 그리고 집에 도착해서 그것을 아내에게 건네주었다. 그것을 받고는 아내가 한참을 울었다. 나는 마음이 아팠다.

'그동안 힘든 시간을 보내며 선물을 받은 지가 하도 오랜만이라 그런가….'

그런데 아내가 눈물을 닦으며 내게 말했다.

"여보, 오늘 아침에 하나님께 주름살 크림을 살 돈이 없다고 불평했는데 내가 쓰는 랑콤 주름살 크림을 아르헨티나에 사는 집사님을 통해 공급하시네!"

우리 주님은 이처럼 섬세하시다. 그리고 더 놀라운 것은 부에노스 아이레스에서 LA까지 비행 시간이 14시간이었으니 아내가 아침에 하나님께 불평할 때 나는 이미 화장품이 든 봉투를 가지고 비행기에 타고 있었다. 이 세상 모든 것을 초월하시는 하나님은 시간과 공간도 초월해서 기도에 응답해주신다.

09 자유를 주시는
성령님께 듣기

'《기도로 이끄는 삶》을 써서 네 홈페이지에 무료로 올려놓고 모든 사람이 다운로드하여 읽을 수 있게 하라'라는 주님의 음성에 순종한 뒤 여러 나라에서 내 책을 번역하기 시작했다.

폴란드 출신의 한 태국 선교사가 이 책을 폴란드어로 번역해도 되겠느냐는 부탁을 이메일로 해왔다. 그래서 흔쾌히 승낙했고, 폴란드에서 책이 출판되자 많은 목회자들과 교인들이 읽고는 '기도로 이끄는 삶' 컨퍼런스를 해달라고 내게 요청했다.

그래서 나는 기도에 대한 강의를, 아내는 내적치유 강의를 하기로 했다. 폴란드 엘블롱시에서 열린 그 집회 기간 중에 식사를 담당한 폴란드 할머니가 계셨다. 그런데 정말 정성껏 식사를 준비해주셔서 내가 여쭈어보았다.

"할머니, 왜 이렇게 우리에게 잘해주세요?"

통역을 통해 들으니 할머니가 《기도로 이끄는 삶》으로 21일 금식을 하던 중 12일째에 자기에게서 많은 더러운 영들이 쫓겨나갔다고 했다. 그래서 너무나 감사해서 집회 중 강사들의 식사를 혼자 맡아서 일주일 동안 하고 있다는 것이었다. 그리고 우리가 폴란드를 떠나는 날에 자기의 소유 중 가장 귀중한 것이라며 진주 팔찌를 아내에게 선물해주셨다.

성령님의 명령에 내가 불순종했다면 이런 간증은 없었을 것이다. 그리고 그 할머니 권사님은 계속 더러운 영들에게 붙잡혀 있었을 것이다. 성령님은 내게 부탁하여 순종하게 하시고 폴란드 목사님에게 부탁하여 순종하게 하셔서 한 영혼을 치유하셨다. 할렐루야!

조급함에서 자유를 주시다

나는 사무엘상 2장에 나오는 한나의 기도를 사랑한다.

여호와는 죽이기도 하시고 살리기도 하시며 스올에 내리게도 하시고 거기에서 올리기도 하시는도다 여호와는 가난하게도 하시고 부하게 도 하시며 낮추기도 하시고 높이기도 하시는도다 가난한 자를 진토에서 일으키시며 빈궁한 자를 거름더미에서 올리사 귀족들과 함께 앉게 하시며 영광의 자리를 차지하게 하시는도다 삼상 2:6-8

이는 하나님의 주권을 인정하고 그분의 주권 속에서 살아가라는 도전이다. 좀 더 넓고 길게 보면 아무것도 아닌 것을 '지금' 그리고 '당장' 내 뜻대로 안 되면 하나님께 투정을 하는 어린아이 같은 신앙인들을 종종 만난다.

전쟁 중에도 언제나 《삼국지》 전권을 들고 다녔던 모택동에게 부하가 물었다.

"각하, 대체 삼국지를 읽고 얻으신 게 무엇입니까?"

그는 한 단어로 요약해주었다고 한다.

"그것은 '여유'라네".

모택동은 아무리 인간이 만들려고 난리를 치고 법석을 떨어도 하늘의 법칙대로 이루어져가는 이야기에서 자신의 삶을 비추어보며 여유를 가진다고 했다. 그런데 예수님을 만나 진리를 깨달았다는 주님의 제자들에게 이런 여유가 없음을 본다. 우리는 조금만 일이 잘못되어도 불평불만을 말하며 안절부절못하는 경우가 많다.

한번은 캐나다 몬트리올 집회에 가려고 LA공항에 도착하여 비행기를 타고 좌석에 앉아 있는데 출발하려고 활주로까지 갔던 비행기가 다시 출구로 돌아오며 기장이 기내 방송을 했다.

"정말 죄송합니다. 착륙 기어에 문제가 생긴 것을 발견했습니다. 일단 밖으로 나가서 기다려주십시오!"

그래서 비행기에서 내려 다시 공항 로비에 앉아 있는데, 옆에 있던 백인 아저씨가 계속 불평불만을 했다. 2시간 정도 기다리며 성경을 읽고 큐티를 하고 있는 내 옆에서 노골적으로 욕을 하다가 내게 물었다.

"당신은 이 상황에 대해 어떻게 생각합니까?"

내가 대답해주었다.

"저는 지금까지 로비에 앉아서 하나님께 감사드리고 있었어요!"

그랬더니 그가 깜짝 놀라면서 도저히 못 믿겠다는 듯이 나를 바라보았다. 내가 다시 말했다.

"만약 비행기가 이륙했는데 그때 착륙 기어에 문제가 생겼다고 기장이 말했다면 얼마나 더 끔찍했을지 생각해보지 않았나요?"

그러자 방금 전까지 불평불만을 내뿜던 그의 입이 다시 열리지 않았다. 그리고 4시간 후 그 비행기는 고칠 수 없게 되었으니 다른 비행기를 타라고 다른 출구 번호가 공지되었다.

그 출구에 도착해보니 급하게 몰려든 손님들이 난리를 치면서 싸우고 있었다. 나는 그 많은 사람들이 이미 예약된 비행기를 타는 게 불가능하다고 판단하여 캐나다항공사 직원들을 돕기로 결정했다.

그들을 도와 아우성치는 손님들의 이름을 불러가며 항공권을 구한 사람들에게 전달해주는 일을 같이 수습했다. 시간이 조금 지난 후 항공사 담당자가 말했다.

"여러분, 정말 죄송합니다. 이 비행기는 만석입니다. 남아 있는 손님들은 내일 아침에 출발하는 비행기로 모시겠습니다."

그러자 많은 사람들이 노골적으로 불만을 표시하며 상황은 더 복잡해지고 시끄러워졌다. 그런 와중에 바로 내 옆에서 같이 일하던 캐나다항공의 한 스튜어디스가 내게 물었다.

"대체 당신은 누구신데 우리를 도와주시나요?"

내가 말했다.

"사실은 나도 몬트리올에 수양회 인도 때문에 오늘 가야 하는데 당신들이 힘들어서 도왔습니다."

그랬더니 그곳 직원들이 서로 눈치를 주고받더니 내게 몬트리올행 비행기의 가장 좋은 자리를 주는 게 아닌가! 어이가 없어서 내가 그들에게 되물었다.

"아니, 방금 분명히 만석이라고 했잖아요?"

한 직원이 하는 말이 더 걸작이다.

"그건 우리 마음이지요!"

나는 고맙다는 말을 전하며 몬트리올행 항공권을 들고 캐나다항공사 직원들에게 손을 흔들며 불평불만을 하는 사람들 사이를 유유히 지나 비행기에 탑승했다.

우리가 어떤 상황에서든지 성령님의 운행하심이 모든 주권을 가지고 있다고 믿으면 조급해하지 않고 상황의 어려움 속에서도 근심과 걱정에서 해방될 수 있다.

잘못된 생각에서 자유를 주시다

친구의 부탁으로 텍사스 지역의 목회자들을 위한 세미나를 인도한 적이 있다. 수천 명의 미국 목회자들이 모이는 컨퍼런스였는데, 나는 동양인 사역에 대한 세미나를 인도했다. 거기서 내가 사는 LA 지역에서 2세들을 위한 개척교회를 하고 싶다는 젊은 한국인 2세 목사를 만났다.

나는 반가운 마음에 그에게 점심도 사주고 저녁에도 만나 식사도 대접하며 2세 목회의 어려움과 목회하면서 배웠던 좋은 이야기들을 그에게 해주었다. 그런데 저녁 식사가 끝날 때쯤 그가 의아해하면서 내게 질문했다.

"목사님, 제가 목사님이 목회하는 지역에 가서 2세들 목회를 한다고 하는데 제게 경쟁의식을 조금도 안 느끼시는 건가요?"

내 상상을 초월하는 질문이었지만 나는 차분히 말했다.

"나는 살아 있는 사람과 경쟁하지 않네. 내가 마음으로 경쟁하는 분은 천국에 계시지. 바로 사도 바울이네!"

어떻게 생각하면 매우 황당한 이야기일 수 있지만 나는 하나님 앞에서도 그렇게 기도한다.

'하나님, 사도 바울은 이미 천국에 가 계시기 때문에 더 이상 하나님나라를 위해 일할 수 없습니다. 그러니 제가 정말 사도 바울처럼 큰 상급을 천국에서 받을 수 있도록 열심히 일하겠습니다!"

물론 대사도인 바울과 내가 비교가 안 됨을 잘 알기에 자신 있게 말하는 것이다(도토리끼리 키 재기를 해야 재미가 있지, 도토리와 수박은 처음부터 비교하면 안 된다. 내가 사도 바울의 상급 영역을 노린다는 것은 영적 개그 정도나 될까?). 그래도 가끔 천국에 가서 바울을 만나면 그가 내 면류관을 보면서 "오 형제, 네 면류관도 정말 크다"라고 감탄할 모습을 상상하며 혼자 미소를 지어본다.

나는 정말 천국에서 받을 상급에 대한 확신이 있다. 그런 확신이 있느냐 없느냐에 따라서 이 땅에서의 삶의 가치관이 바뀐다. 바울이 고린서전서에 이렇게 적었다.

운동장에서 달음질하는 자들이 다 달릴지라도 오직 상을 받는 사람은 한 사람인 줄을 너희가 알지 못하느냐 너희도 상을 받도록 이와 같이 달음질하라 이기기를 다투는 자마다 모든 일에 절제하나니 그들은 썩을 승리자의 관을 얻고자 하되 우리는 썩지 아니할 것을 얻고자 하노라 그러므로 나는 달음질하기를 향방 없는 것같이 아니하고 싸우기를 허공을 치는 것같이 아니하며 내가 내 몸을 쳐 복종하게 함은 내가 남에게 전파한 후에 자신이 도리어 버림을 당할까 두려워함이로다 고전 9:24-27

사도 바울은 우리에게 하나님이 주시는 상급에 대한 믿음을 가지라고 강하게 권면한다. 그러기에 세상에서 성공에 목을 매는 게 아니라 영원한 천국의 상급에 인생을 걸어야 한다.

내가 후배 목사를 키워주고 도와주어 그의 목회가 성공하면 내 천국의 상급이 많아지는 것이다. 옆 교회의 교인들을 계획적으로 도적질해오고, 그런 도적 같은 목사들이 교회 성장의 주인공들처럼 처신하고, 그것을 성공이라고 인정하는 영적 풍토를 따른다면 진정으로 천국에 가서 상급을 받을 자가 없다.

성공해야 된다는 잘못된 생각에서 자유를 주시는 성령님께 간절히 부탁해 성공이 아닌 신앙의 승리를 이루어야 천국의 상급을 받는다.

결과에서 해방시켜주시다

결과는 우리의 책임이 아니다. 최선을 다하면 그 결과는 하나님이 맺어주신다. 우리에겐 간증이 남으면 된다.

1986년부터 나는 형님을 도와 LA에서 무역 사업을 했었다. 당시 RTD(Rapid Transit Department)를 통해 남가주 지역의 지하철 공사가 시작되었다. 그리고 지하철에 들어갈 엘리베이터와 에스컬레이터의 입찰이 시작되었다. 당시 한국에서 엘리베이터 제조를 하던 회사의 사장님이 내 먼 삼촌뻘 되는 분이었다. 한국에서 연락이 왔다.

"석환아, 미국의 입찰 절차가 왜 이리 복잡하냐? 우리가 미국에 지회사를 시작한 지 일 년이나 지났는데 아무런 정보를 얻지 못하고 있으니 좀 도와다오!"

당시 나는 25세, 정말 펄펄 날아다닐 때였다. 풀러신학대학원에 다니고 있었고, 두 번째 아이가 LA에 와서 태어났고, 김동명 목사님과 안이숙 사모님이 시무했던 LA한인침례교회의 영어부 사역을 담당하고 있었다. 또 신학교 공부가 끝나면 곧장 밤 11시에 무역 회사로 가서 새벽까지 시차가 있는 한국과의 사업을 처리하고 종종 새벽기도도 인도했다. 거기다 영어와 한국어 성경공부반을 일주일에 서너번 정도 인도하는 거의 슈퍼맨의 에너지를 뿜어낼 때였다.

입찰 시간이 임박해서 나는 삼촌에게 RTD 사장실의 전화번호를 달라고 했다.

"아니, 갑자기 그 분의 번호는 왜?"

내게 방법이 있다고 삼촌을 안심시키고 전화번호를 받았다. 그리고 무조건 전화를 걸었다. 회사 비서를 거쳐 개인 비서에게까지 연락이 되었다. 그리고 최대한 점잖은 목소리로 말했다.

"닥터 P를 바꿔주세요. 개인적인 용건입니다!"

그런데 개인 비서가 계속 질문을 했다.

"누구세요? 이름을 말씀드려야 됩니다."

"저는 로버트입니다. 개인적인 전화이니 빨리 바꾸세요!"

미국에서 흔하디흔한 내 이름을 대며 강한 억양으로 말했다. 그러고는 아무 소리도 안했다(이럴 때 자꾸 떠들면 가벼워보인다). 비서가 조금 머뭇거리더니 RTD의 대표인 닥터 P를 바꿔주었다. 나는 솔직히 깜짝 놀랐지만 마음을 진정시키고 그에게 말했다.

"닥터 P, 당신도 25세인 적이 있었죠? 그때 지금의 당신과 같은 자리에 있는 분에게 만남을 요구한다는 것을 상상해보십시오. 저는 25세인 한국계 미국인으로 한국에 있는 엘리베이터 회사의 중개인입니다. 오래전 25세였던 당신의 간청을 들어준다고 생각하시고 제게 당신의 시간을 30분만 내주십시오. 그리고 제가 당신의 마음을 움직일 수 없으면 다시는 저나 저희 회사가 연락하지 않을 것입니다!"

솔직히 말도 안 되는 이상한 상상력을 발휘하여 얼버무렸는데 전화 반대편에서 경쾌한 웃음소리가 들리며 "그럼, 지금 한번 와 봐"라고 했다.

"네, 지금요?"

"그래, 지금 당장 와 봐!"

나는 그곳을 향해 가며 삼촌에게 연락을 했다.

"지금 RTD의 사장님을 뵈러 가고 있습니다!"

삼촌은 말도 안 된다는 듯한 반응이었다. 일단 나중에 결과를 보고한다고 하고 LA 시내에 있는 RTD 본부의 그의 사무실을 부랴부랴 찾아갔다.

총을 찬 경비원이 내 온몸을 수색하더니 들여보내주었다. 나는 사장실 문 앞에서 성경 말씀을 묵상했다.

'내 안에 있는 이가 이 세상 그 무엇보다도 크시다!'

그리고 자신 있게 들어가 약간 과장된 인사를 건넸다. 나이가 든 사장님의 어깨를 툭 치며 "오늘 제가 한국 바비큐 쏩니다"라고. 그랬더니 아주 언짢은 듯 나를 쳐다보며 그가 말했다.

"청년, 나는 아무나 하고 식사를 안 한다네! 자, 이제 네게 주어진 시간은 29분이다."

갑자기 정신이 멍해지며 아무 생각이 안 났다. 그때까지 나는 엘리베이터나 에스컬레이터의 작동 원리가 뭔지도 몰랐다. 그런데 수천만 달러의 엘리베이터 주문을 따내겠다고 RTD 사장님과 마주 앉은 것이었다. 조용히 그의 얼굴을 보며 미소를 띠고는 있었지만 속으로는 불같은 기도를 드리고 있었다. 그런데 성령님이 갑자기 말씀하셨다.

'네가 버클리대학에 다녔다고 말해라. 철학 공부를 했다고.'

'성령님, 제가 이 분에게 엘리베이터 팔아야 되거든요. 그런데 왜 버클리 이야기를 합니까?'

하지만 솔직히 엘리베이터에 대해 아는 것이 전혀 없었기에 그냥 순종하기로 했다.

"사실 저는 버클리대학에서 철학 공부를 했습니다."

이야기를 시작하자 성령님이 계속 인도해주셨다.

'바다 밑을 통해 버클리와 샌프란시스코를 이어주던 지하철 이야기를 해라!'

나는 닥터 P의 눈을 바라보며 말했다.

"제가 타본 지하철 중 버클리와 샌프란시스코를 연결하는 지하철이 최고입니다(사실 당시 내가 타본 유일한 지하철이었다). 이 지하철을 만든 분은 삶과 미에 대한 철학이 있어서 요즘 미국 문화의 병폐인 실용주의에 빠지지 않고, 따뜻한 분위기를 만들기 위해 곳곳에 많은 굴곡을 넣어 디자인을 했고, 차가운 강철보다는 나무를 중간에 배치함으로써 사람들의 마음을 넉넉하게 하는 지혜가 있는 분입니다."

그러자 사장님이 미소를 지으며 내게 말했다.

"청년, 그만하지!"

그러면서 무릎을 탁 치면서 활짝 웃었다.

"나도 버클리대학에 다녔네. 그리고 철학을 공부했다네."

일이 되려면 이렇게 된다. 그가 계속 말했다.

"그리고 네가 좋아하는 그 지하철도 내가 디자인해서 공사했지. 내 작품이야."

'세상에 어떻게 이런 일이!'

그가 일어나며 내 어깨에 손을 얹고 말했다.

"자, 나가세, 친구! 이제 우리는 친구이니 자네에게 점심 대접을 받겠네!"

나는 한국 식당으로 가며 전화로 삼촌에게 당장 미국행 비행기를 타라고 했다. 삼촌은 다음 날 LA에 도착해 공사 현장과 입찰에 모든 정보를 사장에게 직접 얻었다(하지만 마지막 단계에 LA에서 엘리베이터는 'Buy American![미국 것을 애용하자]'이라는 캠페인을 벌여서 한국산 엘리베이터는 수입할 수 없었다). 그러나 내게는 평생 잊을 수 없는 간증이 남았다. 이 세상의 그 무엇보다도 우리 안에 계신 예수님이 더 큰 분이시다!

바람의 길

마음속엔
바람의 길이 있다

훈훈히 불어오는
바람

함부로 돌아다니는
그런 바람이 아닌

그분 때문에
그분이기에
잔잔히 불어오는
그런 바람

나의 삶에
길을 열어주고
같이 동반해주는
마음속의 미풍이 있다

바람의 길이
나의 길이 될 때
바람은 잠잠해진다

Part 4

순종으로
영광 돌리는 삶

HEARING

⑩ 예언적인 삶을 살게 하시는 성령님께 듣기

마가복음 6장 4절에 예수님이 스스로를 '선지자'(Prophet)로 표현하며 "선지자가 자기 고향과 자기 친척과 자기 집 외에서는 존경을 받지 못함이 없느니라"라고 한탄하신다. 마태복음에는 "예수께서 예루살렘에 들어가시니 온 성이 소동하여 이르되 이는 누구냐 하거늘 무리가 이르되 갈릴리 나사렛에서 나온 '선지자' 예수라 하니라"(21:10,11)라고 기록되어 있다. 모든 무리도 예수님이 선지자였던 것에 동의를 한다.

선지자의 역할은 예언적 가르침을 주고 예언적 삶을 사는 것이다. '예언자'와 '선지자'는 한국어로는 다르게 번역되지만 성경의 원어는 '프로페테스'로 동일하다. 예언자의 가장 중요한 일은 '하나님의 말씀을 대언하는 일'이며, 하나님이 계획하신 일이 일어나기 전에 미리 예고하는 것이다. 예언서에 나오는 선지자의 사역은 두 가지를 포함한다.

첫째 당대에 필요한 메시지를 전달하는 것이며, 둘째 미래에 이루어질 하나님의 계획과 계시를 선포하는 것이다. 그런데 애석하게도 우리는 예언적 은사를 무당이 굿을 하고 점을 치듯 사용한다.

한번은 서울 근처의 도시에서 목회자 훈련을 마치고 나오는데 그 지역의 목사님이 부끄럽다며 간증을 했다. 그 교회의 권사님들이 새벽기도를 마치고 아침 식사 후 기도를 해도 속이 컬컬하다며 단체로 점을 보러 갔다가 회개하고 돌아와서 목사님께 사죄를 했다는 것이었다. 이유를 들어보니 그들이 점집에 들어갔는데 그곳에 '교인 환영'이라는 글이 붙어 있는 것을 보고 다들 회개하고 나왔다고 한다. 나는 그 목사님께 웃으며 말했다.

"목사님, 그 정도는 문제가 안 됩니다. 더 큰 문제는 교회 안에 점쟁이가 들어와 있다는 거죠!"

사실 나도 한국에서 부흥집회 인도를 마치고 많은 성도들의 기도 부탁을 받으며 의아할 때가 많다. 기도 부탁의 내용이 거의 점쟁이에게 미래의 자신들의 삶의 방향을 제시해달라는 듯한 것이어서 매우 거북하다.

"제 아들이 슈퍼마켓을 해야 할까요, 세탁소를 해야 할까요?"

이것이 무슨 기도 제목인가! 아들의 실력과 그의 됨됨이가 결정하는 것인데 굉장히 중요한 기도 제목인양 봉투에 헌금까지 넣어 와서 기도 부탁을 하면 내 자신이 비참해지고 그 분이 정말 불쌍하게 보인다. 또 그런 수준의 신앙 교육을 시킨 교회와 담임목회자는 하나님 앞에서 얼마나 부끄러울까 싶다.

성령님의 인도하심과 말씀의 히어링을 통해 하나님나라와 그분의 뜻이 이루어지기 위해 역사하는 것이 예언적인 삶의 대표가 되어야 하는데, 예언의 은사를 싸구려로 만들어가고 있지 않은지 고민해본다. 우리의 삶 자체가 성령님의 인도하심을 받아 예언적인 삶이 되어야 한다.

목사 사모가 되겠네

오래전 애리조나에서 중고등부 부흥집회를 인도했다. 그 지역의 가장 큰 교회답게 많은 젊은이들이 모여 뜨겁게 찬양을 마치고 내가 올라가 설교를 시작했다. 그런데 예배당 정문의 왼쪽에 조금은 삐딱하게 서 있는 한 대학생 자매가 보였다. 그런데 갑자기 설교 중에 성령님이 '저 아이가 목사 사모가 된다'라고 말씀해주셨다.

지금 같으면 예배 후에 불러서 조용한 곳에서 기도하며 찬찬히 이야기를 해주었을 텐데, 당시는 그런 사역에 익숙하지가 않아 설교를 중단하고 큰 소리로 물었다.

"저기 정문 왼쪽에 서 있는 자매의 이름이 뭐지?"

"헬렌인데요!"

"그래, 성령님이 네가 목사 사모가 된다고 하신다!"

순간 자매가 얼굴이 하얗게 변해 예배당을 나가버렸다. 나중에 알고보니 그녀는 그 교회 목사의 딸인데 평생의 소원이 목사 사모가 안 되는 것이었다고 한다.

다음 해에도 그 교회에 앵콜 부흥집회에 가게 되었는데 내가 말씀을 증거한 후 식사를 할 때였다. 헬렌 자매가 어떤 남자와 팔짱을 끼고 와서 나를 보고 웃으며 말했다.

"목사님이 틀렸습니다! 저는 우체국에서 일하는 이 형제와 결혼했어요!"

그래서 식사를 마치고 그들을 간절히 축복해주었다. 그런데 그 형제가 집으로 돌아가는 길에 "여보, 아무래도 나는 신학교에 가서 목사가 되어야 할 것 같아"라고 그녀에게 말했다고 한다.

코미디 같은 간증이지만, 몇 년 후에 콜로라도에서 열린 한 컨퍼런스에서 그들을 다시 만났다. 식당에서 만난 헬렌 사모가 나를 미워했다. 그래서 내가 말했다.

"나는 성령님이 주신 말씀을 히어링만 해서 알려주었는데 나를 왜 이리 미워하나?"

반은 농담으로 반은 진담으로 말했는데 수년이 지난 지금, 그들은 LA 외곽 지역에서 사역을 잘 감당하고 있다고 한다.

또 한번은 캐나다에서 대학생 수양회를 인도할 때였다. 상담을 하며 한 귀여운 목사의 딸과 대화를 하는데 그녀가 말했다.

"목사님, 저는 정말 목사 사모는 안 됐으면 좋겠어요!"

이민 목회가 매우 힘들고, 그 가운데에서 모든 것을 경험하는 목회자 자녀로서 할 수 있는 말이기에 조금은 가슴이 찡 했다. 그런데 그녀에게 안수하며 기도하는데 상황은 완전히 반대였다.

"주님, 이 딸이 미래에 캐나다의 캘거리 지역에서 사역하는 것을 보여주신 것을 감사드립니다. 그리고 이 딸의 남편이 될 형제를 지금 붙잡아주시고 인도해주시옵소서!"

어떻게 그런 기도를 젊은 여대생에게 했을까! 그런데 수년 뒤에 정말 그 자매는 목사와 결혼하여 캘거리 지역에서 목회를 하게 되었다. 그리고 지금은 한국의 강남에 있는 2세들을 위한 쥬빌리교회의 부목사로 섬기고 있다. 얼마 전 그 교회에서 집회를 하고서 그녀를 만났는데 이렇게 말했다.

"그때 대학생 수양회 때 목사님께 기도를 받으면서 정말 힘들었는데, 지금은 주님의 사역자로 만족하며 삽니다."

나중에 그 남편에게 언제 예수를 만났냐고 물었더니 우리가 수양회에서 중보기도를 하던 바로 그 시기에 만났다고 한다. 성령님의 인도하심을 듣고 나누는 것이 곧 예언적인 삶이다.

약혼식 날의 황당한 예언

예언적인 삶은 좋은 일뿐만이 아닌 어렵고 힘든 일을 겪어도 성령님이 인도하신다는 것에 무게를 두고 묵묵히 가는 것이다. 런던에서 살고 있는 한 젊은 부부가 있다. 얼마 전 그들의 집에서 며칠 신세를 지며 영국을 방문한 아내와 런던 시내 구경을 하게 되었다.

남편은 미국의 이민교회에 상당히 영향력 있는 교회의 담임목사의 아들이고, 그의 아내는 내 아내의 멘토인 여자 목사님의 딸이어서 오래전 그들의 약혼식 주례를 내가 하게 되었다. 십여 년이 지난 후 그들의 런던 집에서 식사를 하며 이런저런 이야기를 하는데 형제가 웃으며 간증을 했다.

"목사님은 기억이 나지 않으시겠지만 약혼식을 할 때 황당한 축복기도를 해주셔서 처음엔 좀 당황했었습니다!"

나는 정말 기억이 없어서 대체 어떤 기도를 했었냐고 물었다.

"약혼식의 가장 중요한 축복기도 시간에 목사님이 '이제부터 곧 사막의 시간이 시작되는데, 상당히 오랜 시간 동안 사막을 거쳐야 될 것이다'라고 기도를 해주셔서 참석한 모두가 놀랐습니다."

막 약혼을 한 젊은 커플에게 축복이 되는 이야기와 기도를 해주는 것이 당연한데 '사막의 시작'이라고 선포했으니 정말 황당했을 것이다. 그런데 형제의 이후 간증이 더 중요했다.

"사실 저도 조금 당황했는데 정말 그다음 날부터 목사님이 예언하신 사막이 제 삶에 시작되었어요. 만약 그런 예언적인 기도가 없었다면 버티지 못했을 겁니다!"

그 긴 시간을 지나며 '맞아, 목사님이 사막이 곧 시작된다고 했고, 그 기간이 오래갈 것이라고 했으니 언젠가는 끝이 올 거야'라고 스스로를 달래며 버틸 수 있었다고 했다.

그는 지금은 미국 페이스북의 영국 엔지니어링 대표로 전 세계에서 온 많은 엔지니어들의 관리자가 되었고, 성령충만한 영국교회의 찬양 인도자로 헌신하고 있다.

예언적인 삶은 '슈퍼마켓'을 하느냐 '세탁소'를 하느냐로 결정되는 게 아니라 성령님의 인도하심을 따르면서 매일 체험하는 것이다.

11 전도하게 하시는
성령님께 듣기

성령님은 전도의 영이시다. 사도행전 1장 8절에 "오직 성령이 너희에게 임하시면 너희가 권능을 받고 예루살렘과 온 유대와 사마리아와 땅끝까지 이르러 내 증인이 되리라 하시니라"라고 이 땅에서 이루어주시는 열매에 대해 말씀하신다. 성령님이 임재하시는 예수님의 제자들의 증인 됨으로 인해 영혼들이 구원을 받는 역사가 있었다.

여러 나라를 방문하며 많은 부류의 사람들을 만났지만 그들에게 전도할 때 가장 친근하게 다가갈 수 있는 방법은 "기도를 해주겠다"라고 하는 것이다. 사도행전 말씀처럼 성령님이 우리에게 임하여 우리가 권능을 받고 기도를 해주면 그분이 스스로 자신을 나타내주신다.

"제가 기도해드려도 될까요?"(Can I pray for you?)

이 짧은 질문이 닫혀 있는 상황과 관계의 문을 활짝 열어주는 중보의 도구가 된다. 내가 그동안 만났던 모든 사람들은(부유하거나 가난하거나, 교육을 받았거나 받지 못했거나, 키가 작거나 크거나, 말랐거나 통통하거나) 누군가가 자기를 위해 기도해준다는 데 "아니요"라고 완강히 거부하지 못했다. 왜냐하면 사람들은 모두 하나님의 형상으로 창조되었으며, 그분 안에 있는 영의 사람에게는 창조주 하나님과 접촉하고 싶은 깊은 열망이 있기 때문이다.

한번은 비행기를 타고 여행할 때 헨리 윙클러(1970년대 '해피데이스'라는 유명한 코미디 시리즈에서 '폰즈' 역의 주연 배우)의 옆자리에 앉은 적이 있었다. 그는 내 어린 시절의 영웅이었다. 그는 정말 멋진 사나이였다. 한국에서 이민 온 12세 소년이었던 나는 텔레비전에서 그를 처음 보았다. 그런데 그가 바로 내 옆에 앉아 있었다. 나는 담담하게 그에게 말했다.

"제가 기도해드려도 될까요?"

그는 자기 가족, 특히 아들을 위해 기도해달라며 내게 기도 제목을 나누었다. 미국의 한 세대의 영웅으로 많은 명예와 부를 누리고 있는 폰즈도 간절한 기도 제목을 가지고 있었다. 그 후 나는 모든 사람들이 그만의 기도 제목이 있다는 것을 확신하게 되었다.

나는 기도하기 위해서 그의 이름을 내 성경에 써달라고 했고, 그는 친절하게도 자기 이름을 써주었다.

설교를 못하게 하고 전도하시다

1992년 LA 4·29 폭동을 통해 만나게 된 형님 같은 흑인 목사님인 얼튼 트렘블은 내겐 정말 좋은 친구이다. 폭동 이후 나는 LA 지역의 대표적인 흑인교회에 한인 대표로 다니며 집회를 인도했고, 얼튼 형님은 한인 이민교회에 다니며 흑인과 한인의 화해의 메시지를 전했다. 그 후로 시간이 나면 한국 식당에서 불고기와 비빔밥을 같이 나누는 친한 사이가 되었다.

형님은 몇 년 뒤에 교회를 개척했는데 곧 흑인 성도 천여 명이 모일 정도로 성장하는 성령충만한 교회가 되었다. 어느 날 전화 통화 중에 내가 "당신의 도시에서 주일 오후에 한인교회 부흥집회를 하게 됐다"라고 하자 자기 교회의 주일 1부 예배 인도를 부탁했다.

아침 9시 첫 예배를 인도하기 위해 나는 일찍 일어나 기도를 했다. 그런데 이상하게도 아무런 메시지가 오지 않았다.

'주님, 제가 어떤 말씀을 증거해야 할까요?'

기도하며 묵상해도 완전히 백지였다. 할 수 없이 일단 교회에 가서 얼튼 목사님과 인사를 하고 1부 예배에 참석했다. 뜨거운 흑인교회답게 거의 한 시간 정도 찬양을 하는데 나는 점점 초조해지기 시작했다.

'주님, 대체 오늘은 감을 못 잡겠네요. 어떤 말씀을 어떻게 전해야 할지…'

설교할 시간은 다가오는데 마음은 계속 백지 상태로 남아 있었다. 솔직히 그동안 이런 일은 거의 없었다. 선포하고 싶은 많은 말씀 중에 고르느라 힘든 적은 있어도 마음속의 백지를 바라보며 고생한 적은 없었다. 그런데 바로 그때 얼튼 목사님이 강단에 올라가 내게 양해를 구했다.

"오 목사님, 오늘 저희 교회에 강사님으로 모셨지만 제가 말씀을 증거해야 될 것 같은 마음이 생기네요."

정말 신기한 일이었다. 집회 부탁을 받고 예배가 시작되었을 때까지 증거할 말씀이 없었던 것도, 강사를 불러놓고 담임목사가 설교하겠다고 한 적도 없었다. 얼튼 목사님이 열심히 복음을 선포하고 주님을 영접할 사람들을 앞으로 불러냈다. 내가 상상했던 것보다도 훨씬 더 많은 사람들이 강단 앞으로 나와 헌신의 기도를 했다. 예배 순서가 다 끝난 뒤 얼튼 목사님이 교인들에게 말했다.

"성도 여러분, 오 목사님의 캄보디아 선교를 위해 사랑의 헌금을 하십시다!"

집회에 초대받아 놓고 설교를 안 한 것도 이상한데 선교 헌금까지 주는 교회도 평생 처음이었다. 그런데 며칠 뒤 얼튼 목사님이 놀라운 간증을 했다.

"교회에 영혼 구원에 불이 붙은 한 집사님이 아주 오랫동안 자기 동네 사람들에게 전도하기를 '우리 교회의 얼튼 트렘블 담임목사님이 설교를 정말 잘하니까 한번 와서 들어보세요'라고 하여 지난 주일에 참석했다가 내 설교를 듣고 모두 주님을 따르기로 헌신했습니다. 그래서 성령님이 일방적으로 오 목사가 아닌 내게 복음을 외치라고 명령하신 것 같아요. 지난주에는 정말 미안했어요. 다음에 오셔서 부흥회를 인도해줘요!"

누가 복음을 전하는 게 뭐 그리 중요한가. 복음을 듣고 영혼들이 주님 앞으로 돌아왔다는데 그것보다 더 기쁜 일이 어디 있을까. 그런 열매를 위해 복음을 증거하는 게 아닌가! 우리의 삶에서 주님의 주권에 절대 도전하면 안 된다. 그분의 마음과 뜻과 방식대로 무조건 순종만 하면 된다.

일등병에게 복음을 전하게 하시다

복음을 증거할 기회가 찾아올 때는 즉각 순종해야 한다. 1986년 여름에 미국에서 2세 대학생들을 인솔하여 한국의 두레마을에서 봉사를 한 적이 있다. 몇 명 안 되는 학생들이어서 내가 기타를 치고 찬양도 인도했다. 팀 멤버 중의 한 자매의 오빠가 군대에서 휴가를 나와 방문했다.

그날도 내가 찬양을 인도하고, 팀의 대표 전도사님의 말씀을 듣고 있는데 그 자매의 오빠가 도중에 슬쩍 자리를 비웠다. 그때 즉각적으로 그에게 가서 전도해야 한다는 느낌이 왔다. 말씀이 끝나면 마무리 찬양을 인도해야 하는 상황이었지만 나는 무조건 그를 좇아나갔다.

그는 건물 옆의 동산 위에 올라가 나무 밑에서 담배를 피고 있었다. 나보다 훨씬 어린 형제였지만 깍듯하게 대하며 전도하기 시작했다. 그 형제는 내 이야기를 다 듣고는 담배 연기를 영화배우처럼 폼나게 '후' 하고 뿜으며 실실 웃더니 말했다.

"저는 몇 달만 있으면 제대해서 아버지가 운영하시는 사업체의 사장이 될 겁니다. 예수는 약하거나 돈이 없는 사람들이나 믿는 것 아닙니까?"

솔직히 내 마음 같아서는 두들겨 패주고 싶었으나 참아가며 끝까지 예수님을 믿고 구원을 받으라고 권면했다. 나를 불쌍하다는 듯이 바라보며 자신만만한 미소를 짓고는 동산에서 내려가는 그를 보며 기도해주었다. 예수님을 믿고 구원 받게 해달라고. 그가 내게 복음을 듣고 군대에 돌아가서라도 회심하게 해달라고 간절히 기도했다.

선교 여행을 마치고 미국에 돌아왔다. 한 달 뒤쯤 새벽에 전화가 왔다. 떨리는 목소리로 그 형제의 동생인 자매가 이야기를 시작하다 아예 통곡하며 말했다.

"오빠가 어제 군대에서 총기 사고로 죽었습니다. 전도사님, 저희 집을 위해 기도해주세요!"

하나뿐인 아들이 총기 사고로 군대에서 죽자 그의 아버지도 병원에 입원해 있다고 했다. 성령님은 전도할 기회를 우리에게 허락하신다. 그 기회를 놓치지 말고 성령께 이끌려 전도를 해야 한다.

비행기 안에서 전도하게 하시다

성령님은 장소와 시간을 초월하여 복음을 전하도록 인도하신다. 몇 년 전 아르헨티나에서 사역을 마치고 미국으로 돌아오는 비행기에 타고 있을 때였다. 바로 옆에 키가 크고 잘생긴 백인 남자가 앉아 있었다. 나는 간단하게 인사하며 "어디 가세요?" 하고 물었다. 그런데 반응이 교만 그 자체였다.

"나는 부에노스아이레스대학의 주교수인데 영국에 있는 캠브리지대학에서 박사학위를 받았고, 지금은 그 학교에 강의하러 가는 중입니다."

그래서 속으로 '당신, 참 잘났네요'라고 중얼거리며 그냥 성경을 읽으려는데 성령님이 그를 전도하라고 하셨다.

'주님, 캠브리지대학에서 박사학위를 받아 스스로 잘났다는대요!'

나는 정말 하고 싶지 않았지만 일단 대화를 열기로 했다.

"교수님, 제가 기도해드릴까요?"

그 말에 화가 났는지 그가 나를 째려보며 말했다.

"아니, 당신이 뭔데 나를 위해 기도하지?"

'주님, 기도도 원치 않는대요….'

하지만 성령님이 다시 말씀하셨다.

'그의 부인의 병을 위해 기도하겠다고 해라!'

나도 조금 짜증이 나서 퉁명스럽게 말했다.

"아니, 당신 말고 당신 부인의 병을 위해 기도를 해야겠소!"

그랬더니 갑자기 그의 기가 조금 꺾이는 것이 느껴졌다.

"당신이… 내 아내가 아픈 것을 어떻게 알지요?"

말투가 훨씬 고분고분해졌다. 성령께서 일러주셨다.

'보통 병이 아니다.'

내가 말했다.

"부인이 보통 아픈 게 아니네요! 아주 특별한 병이네요."

내 말이 떨어지기가 무섭게 그가 앉은 자리에서 허리를 더 굽히고 자신의 눈을 내 눈에 맞추면서 말했다.

"사실 저는 아내를 정말 사랑합니다. 그런데 제가 이 비행기를 타기 전에 그녀를 정신병원에 입원시키고 왔습니다. 제가 그녀를 잃지 않도록 기도해주세요!"

방금 전까지 도도하고 교만한 교수의 모습이었던 그가 갑자기 불쌍한 한 양이 되어 간절한 기도 제목을 가지고 내게 다가왔다. 내가 그의 손을 붙잡고 기도해주는데 얼마나 우는지 그의 눈물이 우리 둘의 손목을 다 적실 정도였다. 그리고 같이 비행기에 있던 아르헨티나 친구 목사에게 그를 소개시켜서 교회에 등록하도록 했다.

우리가 탄 비행기는 콜롬비아에 내렸고, 3시간 후에 나는 LA로 가는 비행기로 바꿔 타야 했다. 시간이 되어 터미널로 가고 있는데 콜롬비아 국제공항 중간에서 영국으로 가는 비행기를 타러 가는 그 교수를 다시 만났다. 그는 나를 보자 내게 다가와 나를 안으며 울먹이며 말했다.

"Thank you so much! You have no idea what you have done for me today!"(정말 감사합니다. 당신이 내게 오늘 베푼 일이 무슨 의미인지 당신은 정말 모르실 것입니다!)

그런데 나는 안다. 그는 예수님을 만난 것이다. 정말 힘들고 어려워 괴로워할 때 예수님이 그를 만나주신 것이다. 후에 천국에서 그를 다시 만나 그날 만난 예수님이 그의 삶을 어떻게 인도하셨는지 그리고 아내는 어떻게 되었는지 간증을 들을 것이다.

장소와 시간을 초월하여 전도하도록 인도하시는 성령님의 말씀에 순종만 하면 목자이신 예수님을 전 세계의 양들이 체험하게 된다. 할렐루야!

형제의 죽음을 통해 전도하게 하시다

오래전 LA의 컴튼시의 빈민촌에 캄보디아 2세를 위한 푸에블로 오이카스교회를 개척했다. 차로 20분만 가면 레돈도 해변에 갈 수 있는데 빈민촌의 아이들은 평생 한번도 그곳에 가본 적이 없을 정도로 매우 가난한 미국 내의 선교지이다.

그리고 흑인 갱(gang)의 시작 장소인 슬라우슨파크에서 한 블록 정도 떨어진 곳에 교회를 개척하여 많은 젊은 갱 단원들이 예수를 믿고 새 삶을 살게 되었다. 갱 조직은 들어가기는 쉬워도 나오는 것은 거의 불가능하다.

푸에블로 오이카스교회에 '미스터'라는 15세의 귀여운 흑인 성도가 있었다. 그는 예수를 믿고 열심히 슬라우슨파크에서 전도를 했다. 교회를 담당하고 있던 백인 부목사인 브라이언 목사 부부와 성도들이 노방 전도를 마치고 다들 교회로 돌아갔는데 미스터만 다른 친구들과 어울려 놀고 있었다.

한여름의 땡볕 아래 수백 명의 흑인과 멕시칸 그리고 몇 명의 동양인들이 놀고 있었다. 그런데 미스터가 속해 있던 갱의 멤버가 그에게 다가와 "헤이, 미스터!"라고 하며 주머니에 있던 권총을 꺼내서 그의 이마에 대고 쏘았다. 미스터는 그 자리에서 죽었다. 그런데 신고를 받고도 아주 느긋하게 나타난 경찰관이 작성한 보고서에는 목격자가 한 명도 없다고 기록되어 있었다.

왜냐하면 그 지역에서 살인 사건의 목격자가 된다는 것은 스스로 그다음 살인의 대상자가 되겠다는 것과 같았다. 나는 침통한 마음으로 브라이언 목사와 같이 미스터가 죽은 장소로 가서 그의 피의 흔적을 보고 그곳에 표시를 하며 말했다.

"브라이언 목사, 우리 바로 이곳에서 야외 전도 집회를 합시다!"

그런데 집회를 하기 위해 경찰국의 허락을 받는 데만 3개월이 걸렸다. 우리가 한 집회 요청은 법적으로 아무 하자가 없었기에 다행히 집회 날짜가 잡혔고, 야외 무대 차량을 빌려 전도 집회를 했다. 수백 명의 아이들이 참석했고, 65명의 아이들이 예수님을 따르기로 헌신했다. 그렇게 미스터의 핏값으로 전도하게 하신 성령님을 따라 많은 영혼들이 주님께 돌아오는 것을 체험했다.

사도행전 7장의 스데반 집사가 예수를 증거하다가 돌에 맞아 죽으면서도 끝까지 모두를 용서하며 "이 죄를 그들에게 돌리지 마옵소서"(60절) 하는 구절이 떠올랐다. 그리고 미스터가 천사와 같이 환히 웃는 모습으로 천국에서 65명을 만나 기뻐할 모습을 상상하며 하나님께 감사했다.

⑫ 역사를 이끄시는
성령님께 듣기

개인이나 한 나라나 그 역사를 이끄시는 분은 성령님이시다. 그분이 모든 것을 이루시고 가능케 하신다. 지금 생각하면 조금 무식한 방법이었지만 나는 한동안 일이 잘 풀리지 않으면 무조건 금식기도로 주님과 단판을 지으려 했었다.

1990년 중반에도 기도원에 올라가 하나님께 '투정 금식기도'를 장기간 했다. 2세들을 위한 개척교회를 하며 사역도 매우 힘들고 경제적인 부담이 커서 주님의 음성을 들을 때까지 금식할 것이라고 영적 투정을 부리고 있었다.

그런데 10일째 되는 날, 내 마음속에 'Write and I shall provide!' (쓰라, 그러면 채워주리라!)라고 주님이 말씀해주셨다. 그러나 내가 책을 쓴다는 것은 당시로서는 도저히 상상할 수 없었다. 책은 신학교 교수님들이나 각 분야의 전문가들만 쓰는 것이라고 생각했다.

하지만 그동안 이민 2세들의 영적 상태를 연구하기 위해 미국, 캐나다, 남아메리카, 호주 등을 방문하여 나름대로 연구한 자료가 A4용지로 400장 정도가 있었다. 그래서 주님의 말씀에 순종하여 급히 기도원에서 내려와 2박 3일 동안 거의 잠도 자지 않고 '세계 속의 한국인'이라는 120쪽짜리 연구서를 완성했다. 그리고 초판 300권을 복사해서 그 주에 남가주 기독교 라디오방송에서 주최한 300여 명의 이민 목회자들을 위한 집회에서 발표하고 배포했다.

그런데 그것이 폭발적인 호응을 얻어 많은 1세 목회자들과 네트워크가 시작되었고, 그 후에 문석호 목사님의 지도로 연구서를 단행본 《세계 속의 한국인 2세》로 신앙과지성사 출판사에서 출간하게 되었다(지금까지 15권의 책을 더 쓰고 출간했다).

한번도 저자가 되어야겠다거나 그것이 가능하다고 생각한 적이 없었다. 그런데 주님이 말씀해주시고 인도해주시고 이끌어주셔서 내 삶에 행하신 그분의 일들을 써가고 있다.

얼마 전 캄보디아 프놈펜의 하나님의성회 총회신학대학원에서 내가 쓴 《십일조》로 3일간 특별 강의를 했다. 미국 출신인 데린 교수가 말했다.

"오 목사님의 책인 《기도로 이끄는 삶》과 《느헤미야 리더십》을 선택과목으로 결정해 성경대학에서 가르쳤습니다. 그런데 저희가 지정했던 5가지의 수업 중에 가장 많이 선택했던 과목이 《기도로 이끄는 삶》이었습니다. 지금 이 채플에 있는 모든 신학생들이 목사님의 팬입니다!"

세상에 어떻게 이런 일이! 아주 오래전 캄보디아에 도착했을 때 성령님의 지시에 따라 무작정 그리고 조금은 무식하게 캄보디아어와 영어, 이중 언어로 책을 출간하기 시작했다.

2012년까지 거의 10권 이상의 책을 솔트앤라이트(Salt&Light) 사역팀과 손잡고 출간했고, 총 3만 권 이상의 책을 판매하거나 가난한 캄보디아 사역자들에게 무료로 나누어주었다. 하지만 솔직히 캄보디아에서 가장 오래되고 권위 있는 신학대학교에서 선택과목 교재로 쓰이리라고는 생각하지 못했다.

내 강의가 끝나고 하나님의성회 전도사들답게 학생들 전체가 나를 둘러싸고 안수하며 통성으로 중보기도해주었다. 나도 그들을 축복하며 기도했다.

'주님, 보시지요. 이 믿음직스러운 당신의 종들을… 이들을 통해 캄보디아의 복음화를 이루어주시고, 아시아 전역에 선교사를 내보내는 축복받은 나라가 되도록 도와주시옵소서!'

나는 강의 중에 외국 선교사의 후원에 의존하는 캄보디아 목회자들에 대해 경고하며 말했다.

"빌어먹는 거지는 그 나라를 책임지는 리더가 될 수 없습니다!"

조금은 강도 높은 메시지여서 혹시 학생들이 상처받지 않았을까 걱정했는데 나를 위해 기도하는 그들의 기도 소리에서 채찍의 메시지를 믿음과 사랑으로 받아주었음을 느꼈다.

또한 내 앞에 서서 통곡을 하며 중보하는 한 전도사의 얼굴에서 캄보디아의 밝은 미래를 보는 듯했다. 캄보디아도 감정적 문화가 한국과 비슷하다. 통곡한다는 것 자체가 은혜를 아주 많이 받았다는 표시이다. 은혜를 받으면 웃는 미국과는 정반대이다.

젊은 캄보디아 전도사들은 회개의 통곡을 하고, 나는 주님께 감사해서 눈물로 기도했다. 성령님의 인도하심을 따르면 개인적인 사역의 인도하심이 한 나라의 미래의 젊은 지도자들에게 영향력을 끼쳐 그 나라의 역사를 새롭게 쓰게 된다.

사역을 인도해주시다

사역도 성령님이 결정하시고, 만날 사람도 정확한 시간에 결정적인 장소에서 만나게 하신다. 2013년에 내가 박사학위를 위해 공부하고 있는 영국의 옥스퍼드 선교대학원(Oxford Centre for Mission Study) 강당에서 남아공 출신의 백인 사스 교수의 특강이 있었다.

내용은 세계의 복음주의 기독교인들이 보편적으로 수입의 2퍼센트 밖에 헌금을 안 한다는 것이었다. 그래서 로잔대회와 세계복음주의연맹회(WEA)에서 향후 5년 동안(2012년 4월~2017년 3월) 헌금을 4퍼센트로 올리는 운동을 시작한다는 것이었다. 헌금의 액수가 매년 800억달러라면서 2퍼센트만 더 늘어도 1,600억달러가 된다고 했다. 좋은 취지로 시작하는 운동이라 강의 뒤에 내가 개인적으로 그를 만나 대화를 나누며 말했다.

"그렇지 않아도 제가 캄보디아를 위해 십일조에 관한 책을 출간했는데 한번 보세요."

캄보디아 목회자를 훈련하며 느낀 것은 매우 많은 목회자들이 경제적으로 자립하지 못하고 선교사들의 후원에 의존하고 있다는 것이었다. 그래서 십일조에 대한 100여 권의 책을 읽고 아주 간단하고 쉽게 정리해서는 13,000권을 캄보디아 500여 교회의 목회자들과 교인에게 나누고 있었다. 그런데 얼마 후 사스 교수에게서 이메일이 왔다.

'목사님이 쓴 십일조에 대한 책의 내용을 저희 단체의 홈페이지에 올려도 될까요? 전 세계의 일반 성도에게 신학적인 책은 어려우니 당신의 책이 큰 도움이 될 것입니다!"

물론 나는 기쁘게 승낙했다. 50여 개국의 수많은 리더들이 그 사이트(www.generositymovement.org)를 통해 '글로벌 제너러시티 네트워크'(성경적 청지기의 삶과 기부 문화의 확산 및 정착을 위한 전 세계적

네트워크)에 벌써 동참했다고 한다. 그리고 나를 그 단체의 귀빈으로 대접해주어서 몸 둘 바를 모를 지경이다.

작은 일에 충성하면 더 큰 프로젝트를 주시는 성령님의 인도하심을 느낀다. 누가복음 19장에 예수님께서 말씀하신 '작은 것에 충성하여 더 큰 일을 맡는 종'의 기분을 조금 이해할 것 같았다.

주인이여 당신의 한 므나로 열 므나를 남겼나이다 주인이 이르되 잘하였다 착한 종이여 네가 지극히 작은 것에 충성하였으니 열 고을 권세를 차지하라 눅 19:16,17

다음 세대를 쓰겠다고 약속하시다

역사는 '시간'이라는 백지에 성령님이 쓰시고 색칠하시는 걸작품이다. 1998년 초 뉴욕주의 버펄로에 마이클이라는 백인 목사로부터 연락이 왔다. 매년 12월 26~31일까지 버펄로 컨벤션센터에서 6천 명의 미국 고교생들이 모여 집회를 한다고 했다.

빌리 그레이엄 목사님이 시작하신 젊은이들의 수양회로, 전 세계로 방송되는 중요한 집회라고 소개했다. 그러면서 내게 강사로 올 수 있겠냐고 물었다.

"그런데 주강사가 아니라, 매년 500명 정도 오는 동양인 학생들을 위한 세미나를 인도해주세요. 그리고 목사님이 가장 잘하신 설교 테이프를 몇 개만 보내주세요. 운영팀이 들어보고 통과되면 정식으로 초대하겠습니다."

나는 속으로 '무슨 강사 초대를 이렇게 요상하게 할까'라고 생각했다(그러나 그들의 집회 방침이 그런 것을 담당자인 마이클 목사도 어찌하랴!). 그래서 그만두라고 말했다. 그런데 성령님이 말씀하셨다.

'교만을 꺾고 그냥 가라!'

'아니, 주님! 이게 무슨 교만입니까?'

순종하는 마음으로 테이프를 보내고 몇 주 뒤에 편지를 받았다.

'축하드립니다. 저희 집회에서 정식으로 동양인 학생들을 위한 '하나님의 음성 듣는 법' 세미나를 인도해주십시오.'

나는 그곳에 혼자 가기가 적적해서 큰딸 엘리사를 데리고 갔다. 딸은 당시 13세의 중학생이었다. 컨벤션센터에 들어가자 6천 명의 고등학생들이 펄쩍펄쩍 뛰며 찬양을 드리고 있었다. 딸이 내게 물었다.

"아빠, 여기서 설교할 거야?"

"아니, 아빠는 동양인들을 위한 하나님의 음성 듣는 법에 대한 세미나 강의를 맡았어."

그리고 자리에 앉아 집회 책자를 펼쳐보니 내 강의 제목이 '하나님의 음성 듣는 법'으로만 쓰여 있었다. 나는 이틀에 걸쳐 세미나를 한후 그들에게 안수해주었는데 아이들이 성령충만을 받으며 방언을 받고, 어떤 학생들은 바닥에 뒹굴면서 통곡하며 기도했다. 마지막 집회를 준비하며 호텔방에 있는데 마이클 목사에게서 전화가 왔다.

"오 목사님, 대체 무엇을 하셨기에 아이들이 본부에 찾아와 지금 다락방의 성령세례가 임한다고 난리입니까?"

나는 그냥 하던 대로 강의하고 안수해주었을 뿐이라고 설명했다. 그러자 마이클 목사가 다시 물었다.

"매년 집회 마지막 날에는 2시간 동안 전체 학생들과 중보기도를 하는데, 작년에 강사를 6명이나 초대했지만 별로 반응이 좋지 않아서 올해는 아무도 초대를 못 했습니다. 준비가 안 되셨겠지만 혹시 내일 중보기도 인도를 부탁드려도 될까요?"

"네, 물론이지요. 준비 안 하고 잘하는 게 제 특기입니다! 하하."

나는 농담처럼 그렇게 말했다. 다음 날 오후 예배 시간에 컨벤션센터 강단에서 설교하려고 서 있는데 이상하게 마이클 목사가 내 앞에서 왔다 갔다 했다(나중에 그가 말하기를 그날 나를 처음 봤는데 내가 목사처럼 안 보여서 불안한 마음에 혹시 생방송에 차질이 생기면 나를 끌어내리려고 했다는 것이었다).

내가 수천 명의 아이들을 보는 순간 성령님이 말씀해주셨다.

'네 세대가 아닌 네 딸 엘리사 세대를 통해 미국에 부흥을 이끌게 할 것이다!'

그 음성을 듣고 매우 흥분이 되었는데, 순간 내 뒤를 보니 큰딸이 강단 위에 있는 내 뒷자리에 앉아 있는 게 아닌가! 분명히 아이를 컨벤션센터의 중간에 앉혀 놓고 강단에 올라왔는데 말이다. 그때 나는 성령께서 주시는 폭포수와 같은 메시지를 전하기 시작했다.

그리고 아이들에게 일어나 헌신하여 부흥을 위해 중보하자고 했더니 수천 명이 한꺼번에 일어나 "Jesus, Jesus!"를 외치며 성령의 불을 받아 기도했다. 그때 전체를 총괄하는 PD가 강단 위로 뛰어올라와 말했다.

"목사님, 지금 생방송인데 통제가 안 되고 있습니다. 통제를 좀 해주세요!"

그래서 내가 화를 내며 말했다.

"아니, 성령님이 하시는 일을 내가 어떻게 통제합니까?"

성령님은 사람의 힘으로 통제가 안 되시며, 물론 하려고 시도를 해도 안 된다. 나는 다들 통성으로 크게 기도하는 기회를 틈타 한국어로 "한국의 차세대를 써주십시오"라고 큰 소리로 외쳤다. 그때 마이클 목사가 올라와 말했다.

"목사님, 방언을 금해주세요!"

"이건 방언이 아닙니다. 한국어입니다."

마이클 목사가 그러면 괜찮다고 하며 성령님의 역사하심을 감사해했다. 나중에 그가 내게 와서 간증하며 자초지종을 설명해주었다.

"생방송에 차질이 생길까 봐 컨벤션센터 강단 앞을 서성거리는데 목사님이 입을 여시는 순간 성령님이 제게 말씀하시기를 '내가 세운 종이다. 염려하지 마라'라고 하셨어요. 그리고 그분의 손가락이 그곳에 모인 6천 명 중 한 아이를 가리키시며 '저 딸을 강단에 올려라'라고 명령하셨습니다."

그가 많은 학생들 사이를 뚫고 올라가 성령님이 지시하는 아이에게 가서 이름을 물었더니 그 소녀가 "오 목사님의 딸 엘리사"라고 했다는 것이었다. 그래서 딸을 데려다 강단 위의 내 뒷자리에 앉혀놓았다고 했다.

나는 아직도 그날을 생각만 해도 가슴이 뛴다. 그리고 당당하게 성령님께 기도드린다.

'성령님, 그때 약속하셨죠? 차세대를 들어 써주셔서 인류역사상 가장 위대한 부흥의 역사를 일으켜주옵소서! 예수님의 이름으로 기도드립니다. 아멘.'

한인들을 쓰겠다고 약속하시다

1992년 초에 'Love LA'(러브 LA)라는 LA를 위한 중보기도회를 잭 헤이포드 목사와 로이드 존 오길비 목사가 인도하여 수천 명이 뜨거운 기도를 드렸다. 그런데 집회 중에 갑자기 "이곳에 와 있는 다민족 목회자들은 다 아래로 내려오라"라고 했다. 주위를 아무리 봐도 한국인 목회자들이 보이지 않아 내가 내려갔다.

수십 명의 목회자들이 강단 위에 올라가 같이 기도를 하는데 잭 헤이포드 목사가 내 차례에 와서는 내 옆에 있던 흑인 목사와 무릎을 마주하게 하고는 예언적인 기도를 했다.

한인과 흑인 사이의 관계를 위해 하나님이 쓰실 거라는 기도 내용이었는데 당시는 무슨 의미인지 몰랐다. 그 후 몇 달이 지난 4월 29일에 LA에서 인종차별에 대한 불만이 폭발하여 폭동이 일어났다. 거의 전쟁터를 방불케 하는 일들이 벌어진 것이다. 그 집회를 통해 알게 된 흑인 목사님과 폭동 지역을 살피던 중 그가 내게 미안하다며 말을 했다.

"오 목사, 저기 불 탄 가게가 보여요? 그곳은 한국 사람이 운영하던 곳이고, 그 옆에 불이 안 난 가게는 다른 민족이 운영하는 곳입니다. 죄송하게도 흑인들이 모여 폭동을 일으키기 전에 한국 가게를 계획적으로 없애자고 준비했습니다. 그리고 더 죄송한 것은 그런 모임들을 흑인교회에서 했다는 것입니다."

얼마나 끔찍한 현실인가! 왜 하나님을 사랑한다는 사람들이 모여 그런 계획을 했을까? 당시 LA시는 10억 달러의 손실을 입었는데 그중의 반인 5억 달러가 한인들의 사업장에서 났다. 며칠 후 4·29 폭동의 문제인 다민족의 융합을 위해 세계적인 선교 단체의 총재가 흑인 대표 2명, 히스패닉 대표 2명 그리고 한인 대표 2명을 모아 모임을 주선했다.

나는 한인 2세 대표로 그 자리에 참석했는데 한인 대표로 나온 다른 한 목회자가 흥분해서 말했다.

"이제부터는 우리 한인 사회가 흑인 아이들에게 주던 장학금을 안 줄 것입니다!"

나는 부끄러워서 얼굴을 붉히며 가만히 앉아 있었다. 흑인 교회 대표들과 히스패닉 교회 대표들이 발표를 한 후 내가 겸손하게 모든 리더들 앞에서 사죄를 했다.

"우리 한인들이 이 지역에서 복의 근원의 역할을 담당하지 못해서 이런 일이 벌어졌습니다. 정말 죄송합니다!"

그 모임 후에 총재가 내게 같이 일하자고 제안을 해왔다. 그래서 그때부터 남가주 지역의 대표적인 흑인교회를 찾아다니며 사죄하는 집회를 했다. '700 Club'(700 클럽)이라는 기독교 방송, 미국 CBS 방송, 미국 크리스천 잡지사들과 라디오 프로그램에 나가 "우리는 'Repent, Reconcile and Rebuild'(회개, 화해 그리고 재건)을 같이 해야 된다"라고 담담하게 발표했다.

분명히 한인 크리스천들이 미국의 역사에 남는 일을 해야 된다. 그러기 위해 하나님께서 우리를 이주시키셨고, 이곳에서 2세들을 키우고 훈련시켜주시는 것이다. 미래에 다가올 세계적인 부흥의 선두에서 날아가는 화살의 촉과 같은 사명을 감당해야 된다고 믿는다.

한번은 비행기를 타고 텍사스주로 집회를 하러 가는데 옆에 앉은 백인이 내게 무슨 일을 하냐고 물었다. 그래서 자연스럽게 간증을 하며 내 사역을 설명했다.

그는 크리스천 출판사(Gospel Light&Regal)의 빌 그레그 사장이라고 자신을 소개하며 명함을 주면서 회사로 와서 직원들에게 간증을 해달라고 부탁했다. 몇 주 뒤에 나는 LA에서 2시간 정도 떨어진 출판사에 아주 편한 마음으로 갔다. 그런데 회사 앞에 '로버트 오 목사님을 환영합니다'라고 쓴 작은 현수막이 걸려 있는 게 아닌가! 회사 안으로 들어가보니 100여 명쯤 되는 직원들이 부흥회에 참석하는 모습으로 진지하게 말씀을 들을 준비를 하고 있었다.

나는 평상시에 하던 대로 간증하며 "21세기의 부흥은 차세대가 책임질 것이며 선두에 동양인 특히 한인들의 차세대가 앞장설 것"이라고 설교했다. 그런데 바로 앞에 앉아 있던 빌 그레그 사장의 아버지인 그 회사의 회장님이 두 눈에 손을 얹고 눈물을 흘리고 있었다. 그리고 설교를 마친 후 기도 시간이 되자 흐느껴 우시기 시작했다.

성령충만한 집회를 마치고 회장님의 사무실로 갔다. 자리에 앉자마자 그가 말했다.

"오늘 우리에게 주신 말씀을 목사님이 만들어냈다고 생각하지 마십시오. 저는 그 말씀이 이루어지도록 평생 중보기도를 한 사람입니다! 제 평생의 기도 응답을 동양인인 오 목사님이 저희 회사에 와서 선포할 줄은 정말 몰랐습니다."

그는 주님을 사랑하고 신실하게 평생을 문서 복음화를 위해 헌신한 분이었다.

미국은 성령의 부흥 없이는 다시 일어날 수 없는 데까지 와 있다. 1996년에 콜로라도에서 돌아가신 빌 브라이트 박사님이 눈물로 선포하신 말씀이 생각난다.

"미국은 지금 소돔과 고모라에서 지었던 모든 죄보다 더 악한 죄를 많이 짓고 있습니다. 만약 미국의 그리스도인 백만 명이 40일 금식하며 미국이 짓고 있는 죄에 대해 통곡하며 회개하지 않는다면 하늘에서 불을 내려 벌하실지도 모릅니다."

얼마나 무서운 이야기인가! 성령님은 21세기에 미국에 새로운 부흥의 역사를 일으키시고, 한인들이 그 선두에 서기를 기다리고 계신다.

한 나라를 품고 중보하게 하시다

우리의 기도 내용이 신앙 수준이 된다. 한 나라를 중보하면 개인의 수준을 넘어서 한 나라의 수준이 된다. 2007년에 했던 오토바이 미국 일주는 내가 한 나라를 품고 중보하는 수준이 되게 만들었다.

나는 그해 캄보디아 목회자 자녀의 장학금 마련을 위해 CTS 방송과 같이 29일 동안 14번의 집회를 인도하면서 LA를 떠나 동부를 거처 13,000킬로미터의 장정을 마치고 돌아왔다.

그 여정은 한국과 미국 CTS 방송을 통해 '로버트 오 목사의 미국 일주'라는 프로그램으로 몇 년 동안 방송되었다. 그때까지 안수 사역을 통해 많은 성도들이 방언의 은사를 받았고, 또 그런 사역이 내 집회의 일부분이었는데 2007년부터는 아주 새롭고 특별한 역사가 일어나기 시작했다.

미국 일주를 하면서 첫 집회를 뉴멕시코주의 엘바커키에 있는 미국교회인 씨티처치에서 가졌다. 그곳에서 말씀을 증거한 뒤에 안수기도를 했고, 어떤 백인 자매를 위해 기도하기 시작했다.

성령님이 '이 자매에게 한 나라를 품고 기도하라고 해라'라고 하셔서 "자매여, 하나님께서 말씀하시길 당신이 한 나라를 품게 될 거라고 하십니다"라고 하며 안수기도를 시작하자 갑자기 그녀가 몽골어로 중보기도를 했다. 그래서 내가 놀라서 물었다.

"아니, 몽골어를 어떻게 하세요?"

그 자매가 놀라며 내게 반문했다.

"제가 받은 방언이 몽골어예요?"

사실 100퍼센트 확신은 없었다. 누님이 몽골 선교사였기에 두 번 방문하여 본 것밖에 없어서 90퍼센트 정도의 확신을 갖고 말했다.

"네, 몽골어입니다. 하나님께서 그 나라를 품고 중보기도하라고 하시는 것 같네요!"

그리고 속으로 생각했다.

'아, 주님이 한 나라를 한 중보자에게 맡기시면서 그 나라의 언어로 중보하게 하시는 구나!'

그리고 다른 백인 할머니에게 안수했다. 일흔이 넘으신 듯한 할머니였는데 매우 단정하고 깨끗해 보이셨다. 그런데 그 분에게 기도하려는데 똑같은 메시지가 왔다.

'한 나라를 품고 기도하라고 해라!'

그리고 안수를 하는 순간, 할머니가 "아버지, 아버지"라고 외치며 한국어로 중보기도를 하는 게 아닌가! 나는 깜짝 놀라 잠깐 주춤했다. 할머니가 계속 한국어로 기도하셔서 내가 말했다.

"하나님이 한국을 주시네요. 한국을 품고 중보해주세요!"

그 후 뉴욕의 어느 보수적인 교회에서 집회를 마쳤는데 뜬금없이 담임목사님이 내게 부탁을 하셨다.

"우리 교회 성도들에게도 안수해주세요!"

그와는 오랜 친구 사이라 솔직하게 말했다.

"그런데 제가 안수하면 사람들이 중보의 영을 받아 방언도 하고 예언의 은사도 받는데 괜찮아요?"

나는 부흥사로 오랫동안 집회를 다니며 담임목회자의 신학적 한계를 넘지 않는다는 원칙을 지켜왔다. 집회를 통해 주님의 몸 된 교회가 든든해져야지 더 힘들어지거나 깨지는 것을 용납할 수 없기 때문이다. 개인적으로는 방언으로 중보기도를 열심히 하시는 빌리 그레이엄 목사님도 공식적인 장소에서는 방언에 대한 설교를 금하셨다.

그런데 친구 목사가 내게 안수기도를 부탁했고, 안수 받기를 원하는 성도들에게 기도하기 시작했다. 그런데 가장 처음 안수 받은 분이 갑자기 중국어로 기도를 하는 게 아닌가! 중국어를 정식으로 배우지 않아서 확실치는 않았지만 그 자매에게 말했다.

"자매님, 성령님이 중국에 대한 부담을 주시는 것 같아요. 중국을 품고 중보기도를 하세요!"

그리고 다음 권사님에게 기도를 해드렸는데 그 분은 아주 확실하게 일본어로 기도하기 시작했다(내가 대학 때 일본어를 정식으로 배웠기에 알 수 있었다). 얼마나 놀라운가! 성령님은 한 사람에게 한 나라를 품고 그 나라의 언어로 중보하게 하셨다.

아주 오래전에 LA의 감사한인교회와 중고등부 학생들을 위한 부흥집회 준비모임을 우리집 거실에서 하고 있는데, 찬양을 맡은 한 백인 형제가 간증했다.

"얼마 전에 친구들과 중보기도를 같이 하는데 제가 한국어로 '나는 한국에 가야 된다'라고 정확하게 몇 번을 외쳐서 그 말을 알아들은 한인 2세들이 깜짝 놀랐습니다."

그리고 중고등부 영어 집회 인도도 같이 했는데, 그날 성령의 역사가 놀라웠다. 나는 창세기 12장 1~3절 말씀을 선포하며 '우리가 주를 위해 모든 것을 바치고 큰 민족, 큰 이름, 그리고 큰 복의 근원이 되자'라고 했는데 많은 젊은이들이 헌신하고 나중에 목회자가 되었다. 그 백인 형제가 한국에서 많은 젊은이들에게 도전을 주는 목회와 찬양 사역을 하는 스캇 브래너 목사님(판교 주님의교회 담임)이다.

또 한번은 한국의 인천 지역에서 가족들과 예배를 드리고 온 가족을 안수하는데 중학생쯤 되는 먼 친척 아이가 안수를 받자마자 미국 학교에서도 안 가르쳐주는 고전 영어를 쓰며 킹제임스 성경을 응용하여 기도했다.

"Lord, I exalt Thee!"(나는 주를 높이리라!)

이는 미국에서도 지금은 쓰지 않는 용어로 눈을 감고 들으면 완벽한 백인의 영어였다. 하도 놀라워서 아이를 흔들어 눈을 뜨게 하고 내가 물었다.

"어디서 그런 영어를 배웠니?"

아이가 눈을 동그랗게 뜨며 말했다.

"이게 잉글리시예요?"

이것은 정말 성령님 행하신 일이 아니면 일어날 수 없다는 것에 대한 증표였다. 그리고 주님이 재림하실 날이 다가오는 이 시대를 사는 우리에게 한 나라의 중보기도를 맡기시는 표가 되었다.

오늘도 성령님은 우리에게 말씀하고 계신다. 문제는 우리가 그분의 말씀을 '히어링'하고 있는가이다. 그리고 말씀을 듣고 순종하는가이다. 우리의 신앙 간증은 '히어링'과 '순종'이라는 기찻길을 타고 이어진다.

성령님이 오순절 다락방에 임재하며 사도행전 1장부터 28장에 나오는 간증을 남기셨다. 이제 사도행전 29장은 21세기를 살아가는 그리스도인들의 몫이다.

'말씀으로 역사하시는 성령님'을 모시고 주님의 말씀을 '히어링'하고 대범하게 선포하며 순종해야 한다. 우리는 '인도하시는 성령님'의 손을 꼭 붙잡고 그분이 인도하시는 곳에 가서 그분이 시키시는 일만 듣고 순종하면 된다. 필요에 따라 '은사를 주시는 성령님'께 의존하여 우리에게 맡겨주시는 영혼들을 사랑하고 돌보며, '중보하게 하시는 성령님'께 의탁하여 주시는 각 나라를 품고 중보하면 된다.

아픈 사람을 만나면 '치유하시는 성령님'께 부탁하여 간절히 기도하여 완쾌함을 목격하고, 힘들고 어려운 사람과 상황 속에선 '필요를 채워주시는 성령님'께 기도하여 차고 넘치는 삶을 경험하고 간증해야 한다.

또한 우리가 예수님을 믿고 그 진리 속에 '자유를 주시는 성령님'과 동행하여 세상에서 가장 멋진 삶의 주인공으로 하나님께 영광을 돌리고, 미래에 대한 두려움 속에 있는 자들에게 '예언적인 삶을 살게 하시는 성령님'을 소개하고, '전도하게 하시는 성령님'을 통해 구원의 길로 인도해야 한다.

궁극적으로 '역사를 이끄시는 성령님'이 우리에게 보여주시고, 우리를 인도해주시고, 우리를 통해 다 이루어주시기에 삼위일체 하나님 한 분만이 영광을 받으시는 것이다.

캄보디아 찬양 컨퍼런스를 인도하기 위해 홍콩에서 온 네이트 목사가 아침예배 설교를 하고 있었다. 그런데 재미있는 것은 전날 저녁집회에 내가 설교를 하려고 선택한 주제와 똑같은 메시지를 증거하는 게 아닌가! 만약 내가 똑같은 메시지를 했으면 젊은 네이트 목사가 아침예배의 말씀을 준비하는데 고생을 좀 했을 것이다.

사실 저녁집회 강단에 서자마자 성령님이 강력하게 말씀하시며 완전히 다른 메시지를 주셔서 다른 성경 구절로 캄보디아 전역에서 모인 120여 명의 찬양 인도자들에게 찬양 인도자의 기본에 대한 말씀을 선포했다. 이런 섬세한 하나님의 인도하심에 감사하고 있는데 내 마음속에 'Look up the word 'bishop' in the Bible!'(성경에서 '감독'이라는 단어를 찾아보라)이라는 음성이 들렸다.

이 명령을 영어로 받고 내 성경 뒤에 있는 성구 사전에서 지적한 디모데전서 3장 1~5절 말씀을 아무 생각 없이 읽었다. 그런데 갑자기 성령께서 말씀하셨다.

'너는 이제부터는 설교를 하는 대신 글을 써서 사역할 것이다.'

주님께 좀 섭섭하고 미래의 사역에 대해 암담한 생각이 들었다.

'설교자에게 설교를 하지 말라니… 세상에 어떻게 이런 일이!'

그러나 1979년 8월 3일 저녁에 주님의 음성을 듣고 그분을 만난 뒤 예수님을 위해 죽겠다고 헌신한 내가 아닌가. 예수님의 종인 나는 그분의 음성을 듣고 순종만 하면 된다. 그래서 나는 마지막 설교를 캄보디아의 새생명교회에서 선포했다.

하나님의 음성을 잘 듣고 못 듣고가 중요한 게 아니라 그분의 음성을 '히어링'한 후 순종하느냐 안 하느냐가 더 중요하다. 나는 바로 그 다음 주일부터 러시아 시베리아에서 계획했던 설교 일정과 한국의 모 선교 단체와 북한 선교팀을 위한 집회 그리고 중국 베이징에서 계획했던 모든 일정을 취소했다. 물론 2014년 12월까지 계획되었던 미국의 모든 집회 일정도 취소해야 했다. 그리고 일단 캄보디아에서 미국으로 돌아가 미래에 대한 계획을 그분의 음성을 경청하며 결정했다.

미국에 돌아온 후 많은 일들이 있었다. 죽음과 같은 시간(the dark night of the soul)이었다! 내 영혼의 칠흑의 밤을 지내다가 아내와 무조건 북쪽으로 여행을 떠났다. 그러다가 캐나다 타시스섬에 있는 친구인 데이빗과 리디아 선교사 부부의 집에서 휴식하기로 했다. 4,800킬로미터의 '무작정 여행'은 그렇게 시작됐다.

그런데 타시스섬에서 일주일 동안 있으며 데이빗 선교사와 리디아 사모에게 받은 극진한 섬김이 우리를 치유하기 시작했다. 매일 아침 안개 낀 바다를 바라보며 걸었던 산책, 길가에서 딴 진짜 유기농 블루

베리의 잔치, 동네 백인 이웃들과의 만찬, 그들과 같이 드렸던 노래와 찬양! 그들의 집에서는 전화도 인터넷도 연결이 안 되어서 완전히 세상과 차단된 상태에서 주님의 온전한 샬롬과 영적 유기농 안식을 만끽할 수 있었다.

그리고 LA의 집으로 돌아온 다음 날, 나는 다시 짐을 싸서 멕시코로 향했다. 설교를 하지 말고 글을 써서 책과 강의로 선교지에서 사역하라는 것까지는 순종하기로 했는데, 4년 동안 끌어 왔던 박사학위 논문에 대한 응답을 받지 못했기 때문이었다. 무조건 차를 타고 멕시코 국경선에 있는 모텔에서 하룻밤을 지내고, 다음 날 걸어서 국경을 건넌 후 버스를 타고 멕시코 서해의 항구 도시인 엔시나다로 갔다. 그곳에서 이틀 동안 기도하며 주님께 여쭈었는데 아무 응답이 없으셨다.

할 수 없이 미국으로 다시 건너와 샌디에이고에서 마지막 날을 보냈다. 마음이 매우 급해졌다. 솔직히 이미 풀러신학대학원에서 목회학 박사학위를 받았기에 더 이상 공부를 하는 것 자체가 부담이 됐고, 마음은 벌써 박사논문을 떠난 지 오래였다.

그래서 호텔 침대에 누워 두 손을 들고 '주여, 공부를 계속할까요, 말까요' 하고 여쭈었다. 그날까지 응답이 없으면 공부를 하지 않기로 마음을 먹고 별로 신중하게 기도하지 않았다.

그런데 바로 그 순간 내 배 위에 놓여 있던 노트북 컴퓨터에서 이메일 도착을 알리는 소리가 세 번 울렸다. 정확하게 아침 10시 19분, 21분 그리고 22분. 세 번 모두 옥스퍼드 선교학센터의 지도교수님의 이메일이었다. 우리가 서로 알고 지내는 학생이 공부를 포기한다고 연락을 했다는 것이다. 그래서 그에게 공부를 계속하도록 권면하라며 '그가 공부를 포기하면 안 되는 세 가지 이유'를 내게 보내주셨다.

그런데 그 내용이 다 내가 공부를 포기하면 안 되는 이유와 같았다. 성령님은 이렇게 정확하게 시간과 내용을 맞추셔서 나로 하여금 한 편의 드라마와 같은 삶을 살게 해주신다. 더욱이 이 책을 마쳐야 하는 이 시점에 정말 멋진 간증이 아닌가!

이 책을 마무리하며 문석호 목사님께 추천의 글을 부탁드렸더니 참으로 귀한 글을 보내주셨다.

누군가 말하기를 '목사와 거지의 공통점은 주는 대로 먹고, 오라는 곳은 없어도 그저 마음 내키는 대로 가고 오는 것'이라더니, 오석환 목사님을 생각하면 꼭 그 모습이다. 그는 정착된 목회지가 없는 '홈리스 목사'(Homeless Pastor)이지만, 실상은 많은 기도의 후원자들과 동역자들을 가진 행복한 전도자이다. 그리고 성령님을 철저히 의지해 살아가는 그는 어디에나 누구에게나 다가가는 '순회 설교자'(Itinerant Preacher)로서 그 누구보다도 하나님을 사랑하는 '행복한 복음의 사람'(Happy Man of the Gospel)이다.

사람마다 받은 은사가 제각기 다르지만 그가 살아온 삶을 되짚어 보면, 한편으로는 참으로 '말리기 힘든 기찬 행동가'이기도 하다. 그러나 다른 한편으로는 성령님의 의도를 예민하게 따르고자 하는 '참 제자'(True Disciple)의 삶임을 실감한다. 이 책에 기록된 그의 행적들을 통해 한동안 나와 행복한 시간을 갖기는 했지만 더 이상 예전의 내 제자가 아닌, 나이와 경륜을 가질 만큼 가지고 시대와 환경을 뛰어넘는 하나님의 참 일꾼으로서 세계 곳곳을 다니며 복음을 전하느라 종횡무진하는 전투 병사의 모습을 보게 되니 감사할 뿐이다.

그가 청소년기와 대학생 시절에 자기를 가르치던 스승인 내게 물었다.

"여기가 미국인데, 왜 굳이 한국말을 쓰라고 합니까? 사람이라면 겉으로 몇 마디 할 줄 아는 한국말이 아닌, 그 속을 드러내는 심중(心中) 언어인 영어를 쓰도록 해야지요!"

아주 조리 있는 말로 그가 대들 듯 말할 때마다 내가 "석환아, 잔소리 말고 너는 한국어를 통달하거라. 그래야 네게 세계가 열린다"라고 말했다. 그리고 방학을 끝내고 버클리대학으로 돌아갈 때마다 한국어로 된 두툼한 책들을 과제로 주었다. 그는 방학을 맞아 교회로 돌아오면 내게 "전도사님, 말씀하신 책들을 다 읽었습니다. 여기에 내용을 요약했습니다" 하며 꼭 보고를 했다. 그러면서 독서한 날짜와 내용을 빼곡히

적은 노트를 내보이던 성실한 학생이었다.

그가 그동안 여러 권의 시집과 간증집, 말씀의 책들을 내더니, 이번에는 이렇게 완벽한 한국어 간증집까지 출간하게 되었다니 그저 하나님의 은혜에 감사할 뿐이다. 성령님의 음성과 그 인도하심에 예민해지기를 바라는 많은 독자들에게 일독을 꼭 권한다.

다음의 기도로 글을 마치려 한다.

"주님, 당신 마음대로 하시지요! 저는 그냥 당신의 말씀을 '히어링'하는 대로 순종하며 가겠습니다. 영국에서 공부를 하라면 하고, 캄보디아에서 선교를 하라면 하고, 한국의 시골교회에서 목회를 하라면 하고, 미국에 남아서 2세 사역을 다시 시작하라면 하겠습니다. 무엇이든지 말씀해주세요, 순종하겠습니다.

저는 미리 천 번의 '예스'의 기도(Thousand YES's in advance)를 드렸습니다. 그러니 명령만 하시면 곧 순종하겠습니다. 제 시간과 재능과 건강과 미래와 모든 것을 통해 순종하겠습니다. 그리고 당신이 주신 꿈까지 포기하라면 그것도 순종하겠습니다. 말씀해주십시오. 당신의 종이 듣고 순종하기를 원합니다. 할렐루야! 이 모든 말씀을 예수님의 이름으로 기도합니다. 아멘."

히어링

초판 1쇄 발행	2015년 2월 26일
지은이	오석환
펴낸이	여진구
책임편집	4팀	김아진, 김소연
편집	1팀	이영주, 김수미 2팀	최지설, 김나연 3팀	안수경, 유혜림
책임디자인	마영애, 오순영	이혜영, 전보영

기획 · 홍보	이한민	**해외저작권**	김나은
마케팅	김상순, 강성민, 허병용, 이기쁨	**마케팅지원**	최영배, 이명희
제작	조영석, 정도봉	**경영지원**	김혜경, 김경희

이슬비전도학교 최경식, 전우순   **303비전성경암송학교** 박정숙, 정나영, 정은혜
303비전장학회 & 303비전꿈나무장학회 여운학

펴낸곳 규장

주소 137-893 서울시 서초구 매헌로 16길 20(양재2동) 규장선교센터
전화 02)578-0003   **팩스** 02)578-7332
이메일 kyujang@kyujang.com   **홈페이지** www.kyujang.com
트위터 twitter.com/_kyujang   **페이스북** facebook.com/kyujangbook
등록일 1978.8.14. 제1-22

ⓒ 저자와의 협약 아래 인지는 생략되었습니다
이 출판물은 저작권법에 의해 보호를 받는 저작물이므로 무단 전재와 무단 복제를 할 수 없습니다.

책값 뒤표지에 있습니다.
ISBN 978-89-6097-395-4 03230

규 | 장 | 수 | 칙

1. 기도로 기획하고 기도로 제작한다.
2. 오직 그리스도의 성품을 사모하는 독자가 원하고 필요로 하는 책만을 출판한다.
3. 한 활자 한 문장에 온 정성을 쏟는다.
4. 성실과 정확을 생명으로 삼고 일한다.
5. 긍정적이며 적극적인 신앙과 신행일치에의 안내자의 사명을 다한다.
6. 충고와 조언을 항상 감사로 경청한다.
7. 지상목표는 문서선교에 있다.

하나님을 사랑하는 자 곧 그의 뜻대로 부르심을 입은 자들에게는 모든 것이 合力하여 善을 이루느니라(롬 8:28)

규장은 문서를 통해 복음전파와 신앙교육에 주력하는 국제적 출판사들의
협의체인 복음주의출판협회(E.C.P.A:Evangelical Christian Publishers
Association)의 출판정신에 동참하는 회원(Associate Member)입니다.